SUITE
DU TABLEAU
HISTORIQUE
DE
LA MARINE FRANÇOISE. *(por Turpin)*

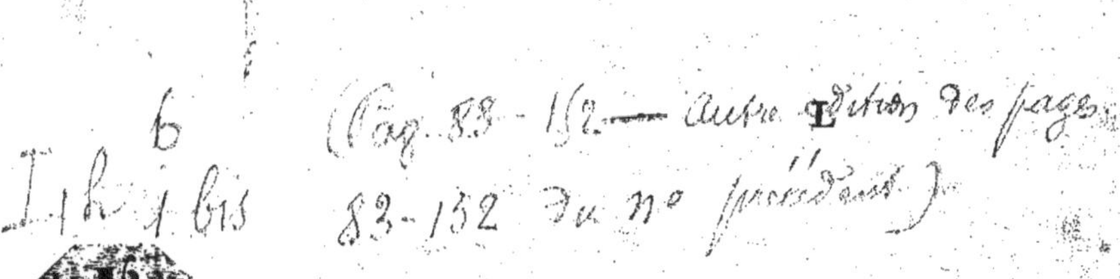

SUITE DU TABLEAU
HISTORIQUE
DE LA MARINE FRANÇOISE.

La mer qui a dévoré tant de victimes pour les punir d'avoir défié fon inconftance & fon courroux, a compenfé cette rigueur par la magnificence des largeffes qu'elle répand indiftinctement fur tous les habitans de la terre; c'eft elle qui les fait jouir des dons variés de la nature & des productions des différents climats. C'eft elle qui fait éclore l'abondance dans les païs rébeles à la culture qui femblaient condamnés à une éternelle ftérilité: la direction mobile des vents qui tantôt fouflent d'un côté & tantôt d'un autre eft encore un bienfait de la nature qui par cet inconftance favorife les voyages & les retours; les hommes font des rameaux fortis de la même tige; l'intérêt où le befoin les a divifés; la navigation leur fournit les moyens de fe rapprocher pour veiller à leur confer-

L ij

vation réciproque , & pour prévenir entr'eux un divorce éternel. Un inftinct naturel a ménagé aux peuples les plus fauvages la reffource de la navigation ; dans quelque pays qu'on aborde , chez le Hottentot ou le Caraïbe , on trouve l'ufage des canots & des chaloupes , pour tirer de la mer les fubfiftances que la terre leur refufe.

La loi de nature établit la liberté de cet élement ; ce n'eft que dans les tems modernes que quelques peuples égarés par l'avarice & l'ambition fe font formés l'idée d'une monarchie maritime qu'ils ont effaié d'ufurper. La loi naturelle nous fournit des armes victorieufes contre cette injufte prétention ; elle nous a révélé que toutes les chofes dont on peut fe procurer la jouiffance , fans lézer un tiers, appartiennent au Grec comme au barbare, à l'efclave comme au Monarque : l'eau , l'air & le foleil n'ont point de poffeffeur privilégié ; leurs largeffes inépuifables font fans ceffe renaiffantes ; leurs profufions ne les appauvriront jamais.

On ne peut élever de barrieres au milieu des mers ; on ne peut y pofer de limites qui féparent *le mien du tien*. Ce magnifique élement environne le domicile des hommes pour faciliter la diftribution de fes dons : fes eaux fugitives coulent fucceffivement de l'Océan dans la Méditeranée , du Septentrion vers le Midi : leur fluidité les fouftrait à toute domination particuliere ; leur poffeffion communique le droit de propriété , parce que le poiffon qui appartient à tout le genre humain , quand il eft dans la mer , devient le propre du pêcheur qui l'a pris dans ses filets. Par la même raison, les perles appartiennent aux plongeurs qui les arrachent des abîmes du Golphe Persique. Le Doge de Venise n'a point le droit de se dire le souverain de la mer Adriatique dont les eaux portent le Bucentaure; puisque ces eaux, transfuges infidèles, vont subitement porter le même tribut à un nouveau maître. Tout ce qui ne peut être fixé, n'a point de propriétaire; dès que la possession cesse, la propriété cesse avec elle; c'est ainsi que le tigre & le lion appartiennent à celui qui les tient enchaînés : mais si ces animaux féroces rompant leurs chaînes retournent dans les déserts de la Libie ou dans les forêts de l'Hircanie, ils appartiendront au chasseur qui pourra les reprendre.

Les grands chemins qui sont l'ouvrage des hommes n'ont point de possesseur privilégié; à plus forte raison la mer qui est une route tracée par la nature doit être ouverte à tout le monde, puisque ses eaux errantes baignent tour à tour les différens rivages, puisque le navigateur ne laisse aucuns vestiges après lui; puisque son vaisseau en fendant les flots ni creusant aucun vuide, ni fait aucun de ces dommages qui exigent des réparations sur les chemins, à mesure qu'ils sont fréquentés. L'usage d'une chose dont on ne prive point les autres, est un domaine commun; c'est par cette raison que les peuples barbares, comme les nations policées, n'ont jamais défendu au pêcheur de faire sécher ses filets & ses voiles sur leur rivage, d'en tirer du sable & d'y construire des hutes.

C'était en conféquence de cette liberté des mers que les Romains n'ayant plus de terres à conquérir, femblaient vouloir reculer les limites de leur empire en faifant des ufurpations fur cet indomptable élement. Les Philippe, les Hortenfius & tous les Citoyens embaraffés de leurs richeffes élevaient des digues, comblaient des abîmes avec des poutres, du fable & des rochers pour reprimer la mer; & du vuide qu'elle laiffait, ils fe formaient un domaine particulier. Créateurs d'une terre nouvelle, ils y conftruifaient des palais magnifiques & des Jardins délicieux que la mer obéiffante venait arrofer; ils l'affujettiffaient encore à entrer dans des détroits qu'ils creufaient au milieu de leurs domaines pour y nourrir des poiffons ou pour y conftruire des bains. Ce fut ainfi que Lucullus fît applanir une montagne près de Naples pour introduire les eaux de la mer autour des murs de fa maifon de campagne : ce luxe diffipateur lui fit donner par Pompée le nom du Sénateur Xerxès, parce qu'il femblait vouloir imiter ce Prince extravagant qui entreprît de faire paffer la mer fur le mont Athos. Paterculus en parlant de l'Orateur Sergius qui avait fait ces folles profufions, dit, que ce voluptueux avait rétréci la mer pour former des étangs où il nouriffait toutes les efpèces de poiffons, & que par cette précaution il avait affranchi fa gourmandife des caprices de Neptune qui dans les tempêtes le forçait à l'abftinence : les Citoyens les plus opulens féduits par l'exemple des Grands, s'érigeaient pour ainfi dire, en émules du créateur; ils difaient, que ce qui eft terre de vienne mer, que ce qui est mer devienne terre, & la nature obéissante transformait les élemens. Martial fait mention d'un certain Apolinaire qui, dans une pièce d'eau creusée loin du rivage de Formiane, nourrissait des turbots & des loups marins. Horace se plaint de ce que la mer trop resserrée par ces sortes de digues gênait les poissons dans leur élement : ces usurpations ne furent jamais reprimées par des Edits, parce que les Romains reconnoissaient que la mer ayant été donnée par la nature pour héritage à tout le genre humain, il était permis à chaque particulier d'en disposer à son gré.

L'Empereur Léon fut le premier qui entreprît d'en faire un domaine particulier, en gratifiant du privilège exclusif de la pêche les possesseurs des terres contigues aux rivages. Cet attentat contre le droit des gens n'eut point d'exécution : l'Empereur reconnut qu'il ne pouvait transférer à quelques particuliers un bien qui par son essence ne pouvait devenir une propriété. Le suffrage des Orateurs & des Poëtes confirme cet vérité qui nous est révélée par l'équité naturelle *quid tam commune*, dit Ciceron, *quam mare fluctuantibus.* Ovide s'exprime de même.

Quid prohibetis aquas? usus communis aquarum est.

Nec solem proprium natura nec aera fecit,

Nec tenues undas ; in publica munera veni.

Virgile invective avec la même force contre ces peuples féroces qui interdisant leurs rivages aux étrangers, en faisaient une nouvelle Tauride où l'on égor-

(88)

geait fans pitié les malheureux qui croyaient y trouver
l'hofpitalité.

Littus que rogamus

Innocuum , & cunctis undam auramque patentem.

Quoique l'autorité de nos Poëtes modernes ne foit
pas impofante , on ne peut fe diffimuler que les anciens
ont été les premiers légiflateurs qui empruntaient les
graces de la Poëfie pour tempérer l'auftérité de leurs
maximes : mais ceux qui récufent leurs décifions feront
peut-être ébranlés par l'autorité des Oracles de la Religion, qui ont également élevé la voix pour établir la liberté des mers & pour profcrire un privilège qui n'étant
favorable qu'à quelques particuliers, eft nuifible à tout le
monde. S. Auguftin lance de juftes anathêmes contre
ces tirans domeftiques qui voulaient s'approprier les
grands chemins : Saint Ambroife lâche de faintes in-
vectives contre ceux qui veulent s'ériger en arbitres
de la navigation ; Saint Grégoire de Naziance qualifie
d'opreffeurs ceux qui abufent de leurs forces pour
s'approprier le commerce exclufif de la mer.

Les Jurisconfultes de tous les païs & de tous les
âges fe font réunis pour établir cette vérité , ils ont
même décidé que nul Roi , nulle République ne
pouvait fans déroger à la loi naturelle, défendre à leurs
fujets d'échanger leur fuperflu pour fe procurer le
néceffaire chez l'étranger. Cette décifion doit être
reftreinte ; ils devaient ajouter que ce n'était qu'autant que la caufe publique n'était point lezée par ce
commerce particulier : bien plus, la navigation eft
fi libre , que quand un Royaume eft agité par le

tumulte

tumulte des guerres civiles, la loi naturelle auto-
rife fes voifins à chercher dans une de fes Provinces les productions dont elle eft furchargée, & qui
font pour eux un befoin; envain on s'écriera, vous
nuifez à mes intérêts, il fuffira de répondre, je
veille aux miens, que l'équité naturelle me prefcrit
de préférer aux votres; je ne dois pas être la victime
de vos divifions.

Quel ferait la deftinée des nations, fi elles étaient
dépouillées de cette liberté? Il eft des pays qui malgré
leur fécondité naturelle ne peuvent fournir aux befoins d'une exceffive population. Il en eft d'autres qui
quoique favorifés de la nature font quelquefois frapés
de ftérilité: l'Egypte & la Sicile qu'on regardait
comme les greniers du monde, éprouverent tour à tour
les plus cruelles famines. Comme chaque nation eft
ménacée d'un pareil fléau, n'y aurait-il pas de l'inhu-
manité à impofer une fervitude à la mer qui reftée
libre peut prévenir tant de calamités? Quoi! faudra-
t-il qu'un peuple d'infortunés attende d'un defpote
impitoyable la permiffion de vivre, ou l'ordre de
mourir?

Un Roi ou une Republique peuvent bien mettre
un impôt fur la navigation & vendre à leurs fujets le
droit de pêcher, mais les étrangers font affranchis
de ce tribut, parce qu'ils ne font point affujettis à
achetter d'un autre un bien dont les a gratifiés la nature qui veut que tout le genre humain jouiffe du
bienfait des eaux & des vents. Deux Rois ou deux
Peuples libres peuvent établir entr'eux une police

M

maritime pour prevenir les querelles excitées par les haines nationales ou par l'avarice brutale de quelques particuliers ; mais leurs engagemens reciproques ne lient point les autres nations qui conservent le droit de jouir à leur gré d'un élement sorti libre des mains de la nature.

La concurrence dans le commerce peut être nuisible à une nation particuliere ; mais elle est utile à tout le genre humain, puisqu'en rendant plus communes les productions étrangeres, elle en facilite la jouissance aux classes les plus riches comme aux plus indigentes. Un artisan ne serait-il pas repréhensible au Tribunal de la Loi, s'il entreprenait d'interdire à son voisin l'exercice de sa profession, sous prétexte que cette concurrence diminuerait le prix de son travail & de son industrie ? Si dans des tems de calamités publiques, quelque citoyen fortuné distribuait aux pauvres ses bleds à vil prix, des cultivateurs avides oseraient-ils invoquer le secours de la loi, pour réprimer une libéralité qui les empêcherait d'assouvir leur avarice inhumaine ?

Le consentement unanime des peuples anciens confirme que tout le genre humain a reçu de la nature le droit de jouir de la faveur des vents & des eaux. La nation la plus puissante n'a, jamais dans ses jours de splendeur, imposé de loix sur la mer. Sémiramis eut pu former cette prétention, puisqu'elle avait, pour l'appuier, trois mille vaisseaux qui furent employés à la conquête de l'Inde ; on ne voit pas que cette Princesse ait jamais interdit la navigation

aux étrangers. On fçait que les Perfes en déclarant
la guerre envoyaient demander l'eau & le feu aux
villes ennemies, voulant par ce tribut défigner qu'ils
étaient fouverains des deux élemens ; mais ils éprouverent au Promontoire d'Artémife & au détroit de
Salamine que c'eft la force qui donne cet empire.
Les Athéniens vainqueurs leur prefcrivirent de ne
jamais approcher de leurs côtes plus près que de la
courfe d'un cheval, & de n'envoyer aucun vaiffeau
de guerre entre les Ifles Cyarées & les Ifles Calydo-
nienes.

Les Romains conquérans du monde ne prirent
jamais le titre de fouverains des mers : leur gloire
fut de les affranchir de toute fervitude & d'en exterminer les Pirates : ils n'équipaient de flotes que quand
ils avaient des Puiffances maritimes à combattre ou des
Corfaires à punir ; au retour de la paix ils défarmaient
leurs vaiffeaux : c'eft abufer des termes que de dire
qu'ils déférerent à Pompée l'empire de la mer. *Im-
perium maris* ne fignifie que le commandement des
forces navales : de même quand l'hiftoire rapporte
que les Atheniens forçerent les Spartiates à leur céder l'Empire de la mer, cet Empire ne confiftait
que dans l'honneur de commander les flotes combinées de la Grèce qui formait une Republique fédé-
rative. Il eft vrai que les Romains fans prendre le
titre infolent de Rois des mers, en furent quelquefois
les tirans. Ils forcerent Antiochus à leur livrer fes
vaiffeaux longs, à ne garder que dix navires de charge
& trente galères avec défenfe de naviger au-de-là

du Promontoire Sarpedon : ce peuple de tirans im-
pofa encore des loix plus dures aux Carthaginois ;
mais ces exemples ne prouvent rien contre la liberté
des mers, c'était la force qui diſtait des loix à la
faibleſſe. Le brigand qui dépouille le voyageur ne détruit point le droit de propriété.

Ptolomée, Strabon & preſque tous les Hiſtoriens
ont déféré le titre de Rois de mers à vingt peuples
différens, mais ils nous ont en même tems appris
qu'elle idée ils attachaient à cette dénomination. Les
Peuples les plus puiſſants en vaiſſeaux, ou dont le
commerce était le plus étendu, ceux qui nétoyaient
les mers de pirates ou qui fourniſſaient les pilotes &
les matelots les plus expérimentés recevaient ce titre
d'honneur qui ne leur communiquait aucune puiſſance
réelle. Avant l'uſage de la bouſſole, les navigateurs
rangeaient les côtes, quelques pilotes plus audacieux
ou plus inſtruits oſerent affronter la pleine mer. L'aſ-
pect des aſtres les dirigea dans leurs routes ; les richeſſes acquiſes par le commerce rendit leur pays ſi
riche & ſi puiſſant, qu'on le regarda comme le ſou-
verain de cet élement : la reconnaiſſance publique
déféra ce titre à Minos & aux Corinthiens qui n'u-
ſerent de leurs forces que pour exterminer les pirates.
Ce ne fut point pour avoir fondé Synope ſur les
bords du Pont-Euxin, ce ne fut point pour avoir con-
quis la Colchide que les Mileſiens reçurent ce vain
titre de Roi ; ils n'en furent redevables qu'à leur humanité compatiſſante envers les malheureux que la
tempête jettait ſur leurs rivages. Après avoir exercé

envers eux les droits les plus faints de l'hofpitalité, ils leur fournissaient des fecours pour retourner dans les lieux de leur naiffance. Les Rhodiens furent auffi honorés du titre de Rois des mers à caufe de la fageffe de leurs loix nautiques qui furent adoptées par toutes les Nations commerçantes & même par les Romains leurs vainqueurs.

Une victoire fur mer fuffifait pour en être appellé le fouverain : les Ioniens avec deux cent foixante galères vainquirent le premier Cirus, coulerent à fond fix cent de fes vaiffeaux, s'emparerent de Sarde & devafterent les plus belles Provinces de la Perfe : cette victoire les fit regarder comme les dominateurs de la mer : ce furent les Pheniciens qui conferverent le plus long-tems ce fantôme de fouveraineté : navigateurs intrépides, ils faifaient encore un trafic de leurs navires, de leurs pilotes & de leurs matelots. Semiramis les employa pour conduire fa flote dans l'Inde. Necho, Roi d'Egypte s'en fervit pour découvrir les côtes d'Afrique : ce titre de Roi n'était donc qu'honorifique, puifqu'aucun de ces Rois imaginaires n'a exercé d'actes de fouveraineté fur ces voifins, aucun n'a impofé de tribut fur eux, aucun n'a exigé qu'on vint lui demander la permiffion de naviger.

Policrate de Samos eft le premier qui fe foit arrogé ce titre, & qui ait effayé d'en réalifer les prérogatives. Moins guerrier que pirate, il ne fut reconnu que par fes complices & par quelques marchands qu'il avait dépouillé. Les Atheniens plus politiques ne fe dirent jamais fouverains de la mer ; mais ils oferent mettre un

tribut fur tous les vaiffeaux qui entraient dans l'Helef-
pont, ils interdirent aux Megariens l'entrée de leurs
ports & de leurs rivages : cet attentat contre le droit
des Nations ne refta point impuni ; tous les Peuples
de la Grèce fe foulevèrent contre cette nouveauté
tirannique & la liberté de la navigation fut retablie.

Cette prétention fut renouvellée dans le quinziéme
fiècle par les Portugais qui voulurent s'arroger une
navigation exclufive, dans les mers de l'inde fous le
frivole prétexte qu'ils avaient les premiers pénétré
dans ces régions fortunées. La découverte d'un pais
n'en donne point la fouveraineté ; fi un Indien eut
abordé en Portugal, auroit-il eu droit de dire aux
différens peuples de l'Inde, je vous interdis l'entrée de
l'Europe, c'eft à moi d'en regler la deftinée, parce
que je fuis le premier d'entre vous, qui en ai fait la
découverte & que j'en ai pris poffeffion pour mon
Nabab ; le droit de découverte ne peut être réclamé
que fur des contrées défertes qui appartiennent à tout
le monde, *ure primi occupantis,* mais pour les contrées
qui ont leur Rois, leurs habitans, lenrs mœurs &
leurs ufages ; on ne peut leur impofer de fervitude fans
être un ufurpateur.

Suppofons un moment que la découverte d'un pais
donne le droit d'y commander, les Portugais auraient-
ils pu invoquer ce titre en leur faveur ? Les Grècs,
les Arabes & les Vénitiens avaient pénétré dans l'Inde
avant eux.

Impiger extremos currit mercator ad indos.

Une raifon plus tranchante decide la queftion. De-

(95)

puis la difperfion des hommes , le commerce d'échange
s'eft perpétué de proche en proche ; ainfi un peuple
n'eft proprement inconnu que relativement à un autre peuple ; une terre nouvelle pour nous , n'eft
autre chofe qu'un pays que nous ne connaiffions
pas encore ; mais ce pays était fréquenté par
fes voifins. Les Portugais convaincus intérieure-
ment que leur titre était caduc, crurent en rectifier
le vice en faifant intervenir la religion : ils effayerent
alors d'introduire une légiflation nouvelle qu'ils fub-
ftituerent aux droits de la nature & des gens : leurs
Docteurs , mauvais Logiciens , enfeignerent que le
caractère de Chretien communiquait la fouveraineté
fur tous les peuples plongés dans les ténebres de
l'Idolâtrie : c'était ainfi que les Grecs policés croyaient
avoir une domination naturelle fur tous les peuples
barbares, fous prétexte de les dépouiller de leur férocité : les Portugais pour juftifier leurs ufurpations
implorerent l'autorité du Pape Alexandre VI : ce Pon-
tif flatté d'être l'arbitre des Rois & le difpenfateur
des feptres & des couronnes partagea entre eux & les
Caftillans l'Empire du nouvel émifphère & par cette
feule décifion, il commit une double injuftice.
1°. C'était difpofer à fon gré de la deftinée d'un peuple qui n'était point dans fa dépendance , puifqu'il avait fes Rois auxquels il payait tribut. La
puiffance papale étant toute fpirituelle ne pouvait
s'étendre fur la navigation & le commerce qui font
des chofes temporeles. 2°. Cette décifion dépouillait
les autres Nations d'un privilège qu'elles tenaient de
la nature : ainfi les Caftillans & les Portugais n'a-

vaient point droit de recevoir ce que le Pontife n'a-
vait pas droit de leur donner. Les Jurifconfultes
d'une commune voix profcrivirent une doctrine monf-
trueufe qui établiffait le Pape Monarque univerfel de
la terre : Saint Thomas avant eux, avait prononcé que
les erreurs religieufes ne privaient point un Citoyen
de fon droit de propriété, & que dépouiller un infi-
dèle de fes biens, était un larcin auffi puniffable que
s'il était fait à un Chretien. Paul III. plus éclairé
& moins ambitieux que fon prédéceffeur adopta des
maximes plus humaines : il éclaira Charles-Quint fur
les limites du pouvoir fouverain ; & ce Prince agité
par les remords des crimes commis en fon nom ne
parut régreter le Trone que par l'impuiffance ou fon
abdication le mettait de rendre à tant d'innocentes
victimes leurs biens & leurs liberté.

Les progrès de la navigation & la découverte du
nouvel hemifphère donnerent naiffance à l'abus de
prendre des titres arbitraires, & qui quoique frivoles
occafionnerent des fcènes fanglantes : Emanuel Roi
de Portugal fe qualifiait Roi du commerce & de la
navigation de Guinée, d'Ethiopie, de la Perfe & de
l'Arabie ; & dans le tems qu'il repáiffait fon orgueil
de ces titres faftueux, il les proftituait à l'Empereur
d'Abiffinie ; Charles-Quint prenait le titre de Roi des
Canaries, de l'Océan, des Ifles & de la Terre ferme
des Indes. Les Venitiens fe glorifiaient d'être Rois du
Golphe de la mer Adriatique. L'Empereur Othoman
fe qualifie également fouverain de toutes les mers
qui baignent fon Empire. Ces Rois imaginaires
confifquaient

confifquaient les biens & même puniffaient de mort
les téméraires qui, fans leur ordre, mettaient le pied
dans leur prétendue monarchie. Cet orgueil péné-
tra du Midi dans le Nord. Guftave Adolphe dans le
traité de paix qu'il conclut avec Chriftian, Roi de
Danemarc, renonça à la fouveraineté des mers. Les
Polonais en appellant Henri III. à la couronne, pro-
mirent d'entretenir à leurs dépens une flote affez puiffante pour lui affurer l'Empire de la mer.

Chaque peuple fait valoir en fa faveur les erreurs
qu'il combat chez les autres. Les Anglais après avoir
détruit les prétentions des Caftillans & des Portuguais
en ont formé d'auffi orgueilleufes fur la Manche &
l'Océan : dans leur ambitieux délire, ils ont tracé une
ligne imaginaire qui vers le midi s'étend fur les côtes
de France & d'Efpagne, jufqu'au Cap de Finiftere.
Ambitieux de regner même fur les glaces, leur Monarchie fantaftique n'a de limites que le Groenland, du
côté du Nord, fous prétexte que Villougbi en prit
poffeffion pour Edouard VII en 1553 ; du côté de
l'Occident, ils prétendent commander à cette partie de l'Océan qui fépare leur Ifle du Cap Breton,
& pour s'en faire un titre, ils ont donné à cet mer
le nom de Britannique ; comme fi une dénomination arbitraire établiffait un droit réel ; ils ont encore allegué que Sebaftien Cabo & après lui Hum-
phri Gilbert avaient pris poffeffion de ce Cap, l'un pour
Henri VII., & l'autre pour la Reine Elizabeth :
mais puifqu'ils réclament cette prife de poffeffion,
ne pouvons-nous par l'invoquer avec plus de juftice,

N

puifqu'avant ces deux célèbres Navigateurs, les Normands & les Bretons y avaient formés des établiſſemens, & même Jean Denis d'Honfleur avait tracé une carte du Golphe qui fépare l'iſle de Terre-Neuve avec la côte du Canada.

La poſition de l'Angleterre fur quatre mers ne peut lui donner aucune domination fur elles; puifque ces mers baignent les côtes de pluſieurs autres Nations qui auraient le même titre à alléguer. Selden plus favant que Logicien, a déploié tout le faſte de l'érudition; il accumule les traditions les plus fabuleuſes, & les fophiſmes les plus éblouiſſans pour établir une tirannie fur les mers. Quel traité a tranſmis aux Anglais le Trident de Neptune? Quel peuple a été aſſez lâche pour foufcrire à fa dégradation & fe dévouer à la fervitude. Comment ces fiers infulaires fucceſſivement aſſervis aux Romains, aux Saxons, aux Danois & aux Normans, peuvent-ils careſſer la chimère d'être un peuple Roi? C'eſt reſſembler à cet Athénien qui dans fon agréable délire s'imaginait que tous les vaiſſeaux qui entraient dans le Pyrée étaient à lui.

Selden s'appuie fur la prefcription; & pour montrer que les Anglais ont joui de tout antiquité de l'Empire des mers, il dit qu'on voyait fur leur ancienne monnoie la figure d'un navire & d'un Roi armé d'une épée : cet argument n'a pas même le mérite d'être captieux. Quoi ! dans le tems où les Romains n'avaient point encore conſtruit une feule chaloupe, ne gravaient-ils pas fur leur monnoye la figure de Janus au

double visage, & celle du navire d'Enée ? Prétendaient-
ils alors être souverains des mers ? Selden semble
ignorer que la prescription n'étant établie que sur le
droit civil, ne peut-être opposée aux Nations étrangères : chaque Monarque, chaque Republique a son
droit civil établi pour l'avantage d'une Société particuliere ; c'est donc au Tribunal des Nations que cette
grande cause doit être jugée.

Mais je suppose pour un moment qu'une longue
possession est une espèce de droit de propriété ; les
Anglais pourraient-ils s'autoriser de la prescription ;
ce n'est que depuis le regne d'Elizabeth & sous la
tirannie de Cromwel qu'ils ont figuré parmi les peuples navigateurs : une chaîne de faits historiques va
confirmer cette vérité.

Quand César passa dans leur Isle, ils n'avaient
encore que des barques d'osier couvertes de cuir
ciré : ce n'était point d'avec d'aussi frêles barques,
qu'ils pouvaient protéger leurs côtes & faire des conquêtes au dehors ; s'ils furent toujours difficiles à sub-
juguer, c'est que leurs villes étaient situées à l'ex-
trêmité des caps, d'un difficile accès ; & lorsqu'ils y
étaient assiégés, ils se transportaient dans une autre
avec leur famille & leurs biens. Voilà pourquoi
César les vainquit, sans pouvoir les asservir ; cette
gloire fut reservée au vertueux Agricola sous Do-
mitien.

On ne conteste point aux anciens Bretons le mérite du courage qu'ils ont transmis à leurs descendans ;
on avoue même qu'ils l'ont souvent porté jusqu'à

la férocité ; dès qu'il leur naissait un enfant , le père lui portait les premiers alimens dans la bouche à la pointe d'un poignard, simbole de la valeur; dès que la mere était délivrée , elle formait des vœux pour que son enfant put un jour mourir en combattant pour son pays. Leur passion dominante était d'avoir des armes fortes & brillantes & c'était des dents des monstres marins que la garde de leur épée était faite : mais ils ne s'en servaient que pour défendre leur liberté & non pour conquérir. Ils étaient même si faibles sur mer, que quand César déclara la guerre au peuples de Vannes leurs alliés, ils ne purent leur fournir qu'un secours d'hommes , parce qu'ils n'avaient pas un seul navire.

Quels étaient alors les Gaulois? Marseille veillait à la liberté des mers , & Rome maîtresse du monde se glorifiait de l'avoir pour alliée & pour amie. La Loire était couverte de navires dont César se servit pour faire la conquête de l'Angleterre. Dans le tems que les anciens Bretons n'avaient que des chaloupes d'osier, les Gaulois en construisaient de bois de chêne : au lieu de cordages, ils attachaient leurs ancres à des chaînes de fer. Leurs voiles étaient des peaux préparées qui resistaient mieux que la toile à l'impétuosité de la tempête; leurs navires, au lieu d'être plats comme ceux des Romains, étaient courbés, & cette forme était la plus favorable pour briser les flots & resister aux vents. Cette marine suffit pour prouver qu'ils devaient avoir une grande supériorité sur les anciens Bretons. Ainsi la prescription est toute en notre faveur.

Sous chaque race de nos Rois cette supériorité s'est maintenue ; le petit-fils de Clovis dispersa la flote des Oftrogots foutenue de celle des Grecs commandés par Narsès. Quand Totila, Roi des Gots déchirait le refte de l'Empire Romain, Juftinien implora l'affiftance de Thodeber, auquel il céda fes droits fur la Provence, & c'eft par cette ceffion que cette Province eft paffée fous la domination françaife: les Frifons ayant voulu s'affranchir du joug de nos Rois, Charles Martel remporta fur eux une victoire complete ; il s'empara de leurs Ifles & fit périr par le glaive tous les chefs de la rebellion. Enfin tandis que les Anglais obfcurs fe courbaient fous le joug de maîtres étrangers, nulle Puiffance n'ofa infulter nos côtes ni tenter d'y defcendre pour faire des conquêtes.

La France fous la feconde race de fes Rois, fut encore plus redoutable fur mer que fous fes premiers conquérans: Charlemagne contint les Danois fur l'Océan ; il eut fur la Méditéranée les Sarazins à reprimer. Sa flote commandée par le Comte d'Empus défit celle des infidèles près de l'Ifle Majorque, prit huit de leurs vaiffeaux & délivra cinq cents Corfes, que ces barbares menaient en captivité. Après la mort de ce conquérant, fon fils fe fit également refpecter fur les mers. Les Danois fe préfenterent fouvent fur nos côtes fans ofer jamais y defcendre ; il les obligea même à lui donner quarante & un otages pour répondre de leur fidélité : le partage qu'il fit de fes Etats entre fes enfans affaibliffant la France ,, enhardit ces Pirates à y faire de nouvelles invaſions : ils reparurent avec ſix cent barques aux embouchures de la ſomme, de la Seine & de la Loire. Sans frein & ſans pitié dans la victoire & toujours redoutables, après leur défaite, ils forçerent Charles le ſimple à leur céder la Neuſtrie.

La France, après avoir été ravagée par ce peuple de Brigans, eut bientôt à ſe féliciter de leur adoption : confondus avec leurs anciens ennemis, ils en prirent la langue, le culte & les mœurs. Quoiqu'ils euſſent des Souverains particuliers comme toutes les Provinces maritimes, la France fut regardée comme leur Patrie, & ce fut de ſon ſein que ſortirent les conquérans de l'Angleterre ; puiſque la flote du du Duc Guillaume ne contenait que des ſoldats & des matelots Français. Les Normands en prenant poſſeſſion de la Neuſtrie n'en avaient point exterminé les habitans. Leur réunion n'en fit qu'augmenter la population. Ainſi la France a droit de ſe glorifier d'avoir produit ce généreux Guiſcard qui après avoir affranchi la Pouille & la Calabre du joug des Sarazins conquit les Royaumes de Naples & de Sicile, dont les peuples reconnaiſſans, mirent ſur ſa tête le diadême qu'il tranſmit à ces enfans. Ce fut encore de cette terre féconde en héros, que ſortit les Roger, les Tancrede & tous ces illuſtres ayanturiers, qui nétoyerent les mers de Pirates, qui parcoururent en vainqueurs les côtes d'Aſie, qui ſoumirent pluſieurs îſles de l'Archipel, & dicterent des loix dans Biſanze aux ſucceſſeurs de Conſtantin : les Anglais, alors ſans

considération , empruntaient toute leur gloire des actions de leurs conquérans.

Quoique les Croisades fussent inspirées par un zèle
sans lumiere, l'entousiasme religieux enfanta véritable-
ment des héros. Les Anglais sous leurs Rois Normans,
armerent des flotes nombreuses. Les mers de Syrie furent couvertes de leurs vaisseaux. Richard leur Roi,
qui fut un des héros de son siècle, ne crut pouvoir
assurer le succès de son expédition, qu'en tirant ses
pilotes & ses matelots de la Gascogne, de la Normandie
& du Poitou. Ces Français furent les instrumens de
ses victoires, tandis que les Anglais dedaignés, languis-
saient oisifs dans leur Isle.

Sous Philippe Auguste, les Français se croiserent
trois fois, & dans le tems qu'on croyait la France
épuisée de soldats & de matelots, ce Prince eut à
l'embouchure de la Seine une flote de cinq cens navires, à laquelle les Anglais n'en purent opposer que
quarante. Leurs Historiens prétendent que sous le regne
de Louis VIII. son fils, la France n'eut point de
marine ; mais ce Prince fit la conquête de l'Angle-
tere, & il n'aurait pu la tenter sans le secours d'une
marine puissante. Comment Saint Louis aurait-il pu
mettre en mer dix-huit cent navires, si son pere avait
laissé tomber sa marine dans un entier depérissement ?
Ce fut pendant ces guerres saintes, que s'éleva cet ordre militaire & religieux, qu'on peut regarder comme
une famille de Héros célèbres sous le nom de Chevaliers
de Saint-Jean de Jérusalem. La France eut droit d'entrer
dans le partage de leur gloire, puisque Gerard & Rai-

mond du Pui, tous deux nés dans son sein, furent les fondateurs de cette milice sacrée.

Ce ne fut que dans le quatorziéme siècle, que les Anglais se montrerent les émules des Français sur la mer. Philippe de Valois & Edouard Roi d'Angleterre, rivaux de puissance & de gloire, déployerent leurs forces sur cet élement : la Reine d'Angleterre accompagnée des Dames les plus qualifiées de cette Isle, s'embarqua pour avoir part à l'honneur du succès : il y eut un combat où l'émulation de vaincre fut si vive, que les Officiers Anglais avaient couvert un de leurs yeux avec un morceau de drap, en jurant à leurs maîtresses de ne l'ouvrir qu'après la victoire : on combattit pendant sept heures avec une égale opiniâtreté : Edouard blessé d'un coup de fléche, n'en fut que plus ardent à combattre : ses soldats étaient de plus de moitié inférieurs en nombre, mais animés par la présence de leur Reine & des Dames qui combattaient comme eux, ils remporterent une pleine victoire.

La guerre qui s'éléva en Bretagne, entre la Maison de Blois protégée par la France, & celle de Montfort, dont les Anglais défendaient la cause, reveilla les haînes nationales Il y eut un combat sanglant ou la Duchesse de Montfort, qui était sur la flote Anglaise, donna l'exemple du courage ; elle tenait en main une épée, dont elle se servait avec l'adresse & l'audace d'un soldat : la nuit survint, les Anglais profitant des ténèbres, descendirent en Bretagne, & la flote Française fut dissipée par la tempête.

Sous

(105)

Sous Charles VI, Louis II., Duc de Bourbon à la
tête d'une troupe de braves paſſa deux fois la mer,
pour faire la guerre aux infidèles dont il coula les
vaiſſeaux à fond. Ce fut auſſi ſous ce regne qu'un
Français de Saint-Jean de-Luz, que des affaires de
commerce appellaient à Madere, fut jetté par la tempête dans une Iſle éloignée que l'on préſume être
Saint-Domingue ; après quelque ſéjour qu'il y fît pour
ſe rétablir, il remit à la voile & de retour à Madere,
il y fut affectueuſement accueilli par Chriſtophe Co-
lomb, & l'on ſoupçonne que ce fut ſur ſes rélations
que ce célèbre Génois entreprit la découverte du nouveau monde.

Quand les Anglais furent chaſſés de France, la
mer devint le théatre de la guerre entre les deux nations rivales. Il y eut un combat mémorable devant
Saint-Mahé ou vingt galeres Normandes & Bretonnes
oſerent attaquer une flote de quatre-vingt vaiſſeaux.
Les Français étaient commandés par Primoguet, Capitaine Breton qui paſſait pour le plus grand marin
de ſon ſiècle ; il montait *la Cordeliere*, vaiſſeau que
la Reine Anne avait fait conſtruire & qui ſurpaſſait
en grandeur tout ceux que l'on avait mis juſqu'a-
lors ſur la mer. L'Amiral Anglais montait *la
Régente*, qui ne le cédait point en grandeur à *la
Cordeliere* ; les Anglais de leur hune jetterent des
matieres enflammées qui y mirent le feu. Primoguet
ſans eſpoir de la ſauver ne veut pas périr ſans vengeance ; il tourne la partie de ſon vaiſſeau qui brûlait
contre la *Regente* & y communique le feu ; les deux

O

vaisseaux cramponés furent bientôt réduits en cendres : plus de deux mille hommes furent la proie des eaux & des flammes. Primoguet tout armé se précipite de la hune dans la mer où il trouve la mort.

Cette succession de faits & une infinité d'autres que je pourais alléguer suffisent pour détruire la prétention des Anglais qui voudront s'appuyer sur le titre de prescription qui dans chaque siècle dépose contre eux ; puisqu'avant Henri VIII ils n'avaient point de marine constament subsistante. Selden avoue que les anciens Bretons furent long-tems ignorés ; mais il attribue cette obscurité à la défense qu'ils faisaient aux autres Nations d'approcher de leurs côtes, & cette défense lui parait un acte de souveraineté : c'est d'une erreur se faire un titre. Les Japonnais ne permettent qu'aux Hollandais de descendre dans leur Isle, & jamais ces peuples n'ont prétendu être les souverains des mers de l'Inde : c'est encore une erreur de dire que les anciens Bretons interdisaient aux étrangers l'entrée de leurs Havres. Il fallait que leurs côtes fussent connues & frequentées, puisque les Marseillois y allaient acheter la laine & l'étain qu'ils distribuaient au reste des Nations. L'alliance des anciens Bretons avec les peuples de Vannes prouve leurs rélations avec les étrangers ; tout dépose que leur port était ouvert aux Gaulois puisqu'il y avait dans cétet Isle une Ville appellée de leur nom, à cause de l'affluence des Marchands de cette Nation qui allaient y trafiquer.

Quelques faits bizares , quelques exemples d'une

vanité extravagante font des argumens dont les analiftes Anglais fe fervent pour fonder leur chimérique
Empire. Ils rapportent qu'un de leurs Rois Saxons
prenait le titre de Roi des quatre mers , fuivant les
quatre points cardinaux de la Sphère : on lit encore dans
leurs chroniques qu'Egdarus autre Roi Saxon voulant
vifiter les côtes de fon Royaume fe fit accompagner
par dix Rois des Ifles voifines qui tous étaient fes
tributaires. Le Monarque placé au gouvernail faifait
l'office de pilote ; les Rois fes vaffaux étaient à la
rame , & les Seigneurs fuivaient dans des chaloupes.
De retour à Londres, il fut conduit dans fon Palais
avec cette efcorte infultante , & en la congédiant ,
il dit à fes favoris , *mes fucceffeurs pourront à jufte titre
fe dire Rois des mers , quand ils feront fervis par des
Perfonnes d'un fi haut rang.* Un monument d'orgueil
ne donne point une puiffance effective. C'eft la chimère de cet Empereur Tartare , qui après un long
diné , fait publier à fon de trompe qu'il permet aux
Rois de la terre de prendre leur repas.

Ce ne fut que fous le Règne du Saxon Alfred que
la marine Anglaife commença à fortir de l'enfance.
Il changea la forme des vaiffeaux , & fubftitua le chêne
à l'ozier. Il fit conftruire des galères de foixante ra-
mes de chaque côté : les Hiftoriens rapportent que
le Roi Etelred équipa dans une feule année quatre
flotes de douze cens voiles chacune ; il eft vrai que
la conftruction était alors peu difpendieufe, puifqu'il
ne dépenfa que trente-fept mille quarante-huit livres
pour faire conftruire quatre grands vaiffeaux : mais

il y aura toujours une alternative humiliante à offrir
aux Anglais ; ou leurs Analiftes étaient des exagé-
rateurs impudens, ou leurs Ancêtres étaient des navigateurs ignorans, puifqu'avec des flotes fi nombreufes
il ne peut réprimer les invafions des Danois, auxquels il
confentit de payer le tribut nommé Danegelde : ce fut
à cette condition que ces Pirates fournirent aux anciens Bretons quarante-cinq vaiffeaux qui paffaient
l'hiver dans la Tamife, & qui fous prétexte de les
protéger ne fervirent qu'à les opprimer avec impunité. Guillaume le conquérant les affranchit de cet
humiliant tribut ; mais ils ne firent que changer de
fers : il les gouverna avec une verge d'airain.

La découverte du nouveau monde fut l'époque de
la grandeur des Anglais fur la mer ; leurs navigateurs
pénétrerent dans des régions jufqu'alors inconnues ;
& la poffeffion fut pour eux un titre de fouveraineté.
Je ne diffimulerai point que c'eft de cette Ifle que
font fortis les Cabo pere, fils & petit-fils dont l'audace étendit la Sphère du globe. Ce furent eux qui
découvrirent Madere, qui après avoir pénétré dans
les terres de Labrador, cotoyerent la Norvége, ten-
terent un paffage au Catai par le Nord, parcoururent
les mers de Mofcovie que des montagnes de glaces
fémblaient rendre inacceffibles. Drac & Candifch
font les premiers qui aient fait le tour du Globe.
Raleg découvrit la Guyane & la Virginie. Jean Davis
entra, près le pôle Arctique, dans le détroit qui porte
fon nom. Henri Hudfon paffant par ce détroit fe
trouva jetté dans une grande mer qu'il préfuma voi-

(109)

fine du Mexique. Il cingla vers le Nord jufqu'au 81°.
dégré, où il parcourut une Baye qui porte encore
fon nom. Il fut retenu par les glaces & fon équipage rebuté de tant de fatigues ftériles le mit dans une
barque & l'abandonna fans provifions à la fureur des
flots, qui fans doute l'engloutirent puifque jamais on
n'a eu de fes nouvelles.

Ces expéditions décèlent un courage audacieux ;
mais c'eft une gloire que les Anglais partagent avec
tous les peuples infulaires & fur-tout avec les Genois,
les Vénitiens, les Hollandais, les Normands, les
Bifcayens & les Bretons. Il ne fuffit pas d'avoir
parcouru le Globe pour prétendre en être le Souverain.

La prétention des Anglais eft fi nouvelle qu'il eft
difficile de concevoir comment leurs écrivains ofent
alléguer le droit de prefcription : ils ont recours à
leurs Jurifconfultes qu'on doit recufer comme fuf-
pects de partialité : au refte il n'y a que les modernes qui aient effayé d'établir cette Monarchie, puifque
pendant quatre cens ans de notre Ere, les Anglais
ont été gouvernés par le Droit Romain qui affranchit la mer de toute fervitude. Bacton grand Jurifconfulte qui vivait fous Henri III. décide formelle-
ment que la mer & toute eau coulante eft un bien commun à tout le genre humain, que chacun peut à fon
gré y pêcher & conftruire des édifices fur le rivage ;
il s'appuie des décifions de Vulpien & de Juftinien.
Quelques Anglais entoufiaftes abufent des expreffions
des Commantateurs des Loix de l'Amirauté qui di-

fent que la mer eft l'héritage de leurs Rois ; & furtout de ce paffage en Idiome Normand *foit enquis de ceux qui accrochent à eaux falées par deféritifon du Roi.* Le Jurifconfulte Becnapius, fous le Roi Richard II , dit auffi en Idiome Normand , *que la mer eft del ligeans du Roi comme de fa Couronne d'Angleterre.*

Il eft vrai que la Loi de nature qui établit la liberté de la navigation a été enfreinte par tous les peuples modernes. Il s'eft introduit fur mer une légiflation inconnue à toute l'antiquité ; chacun s'eft formé une efpèce de domination fur cet élement ; mais ces nouveautés n'étant l'ouvrage que de la force, n'ont été refpectées que par la faibleffe ; c'eft toujours avec l'épée & le canon que chaque Puiffance interprête les Traités : les Danois en 1637 prétendirent interdire la pêche de la baleine fur les mers du Spitsberg. Cette tirannie caufa de grandes pertes aux Armateurs Français. Louis XIII. en demanda la réparation. Le Roi de Dannemarc répondit que l'exemple des autres Nations devait être une loi pour les Français, que la navigation fur les mers du Groenland avait toujours été interdite aux étrangers , & qu'enfin les Anglais & les Hollandais n'avaient obtenu la permiffion d'y pêcher qu'en fe foumettant à un tribut annuel de cent nobles rofes. Louis XIII embaraffé dans des guerres plus importantes negligea de pourfuivre la vengeance de cet injure.

Certains abus introduits dans les tems modernes ont fait croire que la mer était fufceptible de propriété : tels font les impôts mis par quelques Souvérains fur les navires qui rangent leurs côtes : c'eſt une ombre de fouveraineté qu'ils achetent par une ſervitude réelle. Examinons qu'elle eſt l'origine du tribut impoſé par les Rois de Dannemarc ſur tous les vaiſſeaux qui paſſent par le détroit du Sond pour négocier dans la Baltique : cette mer n'était autrefois fréquentée que par quelques Marchands auxquels il était facile de preſcrire la loi. La modicité de l'impôt les empêcha de ſe plaindre & de murmurer ; mais lorſque toute l'Europe fût devenue commerçante , le cri des Nations s'éleva contre cette uſurpation. Les Villes de la Hanſe Teutoniques furent les plus ardentes à maintenir la liberté des mers ; elles ne conſentirent à cet impoſition qu'en aſſujettiſſant à leur tour les Danois à entretenir ſur leurs côtes des fanaux dont la clarté put diriger les navigateurs, pendant les nuits obſcures ; ainſi ce tribut n'eſt qu'un engagement réciproque qui ne donne point d'atteinte à la liberté des mers, c'eſt une contribution volontaire pour le ſervice commun des Nations. Cette eſpèce d'impôt ne donne point aux Rois de Dannemarc le droit de ſouveraineté ſur ce détroit, puiſqu'ils ne ſont que les dépoſitaires des ſommes qu'on perçoit en leur nom pour l'entretien des fanaux & qu'ils en ſont, pour ainſi dire, comptables aux Nations qui ont contracté avec eux. Il faut que les peuples étrangers trouvent leurs avantages dans cette ſervitude apparente ; puiſqu'il leur ſerait facile d'entrer dans la Baltique , ſans paſſer par le Sond. Les Danois n'ont d'autres titres que l'uſage pour exiger ce tribut ;

aucun peuple libre ne s'y eſt aſſujetti par des traités ; c'eſt pourquoi ils ont uſé de la plus grande modéra- tion dans la maniere de percevoir ; au lieu de s'ar- roger le droit de viſiter les vaiſſeaux étrangers , ils s'en rapportent à la ſimple déclaration du Maître du navire ſur la quantité & la qualité du fret. Cette circonf- pection leur a mieux reuſſi qu'une exactitude rigou- reuſe. La crainte que les Nations commerçantes n'én recherchaſſent l'origine a fait que cet uſage n'a point dégéneré en abus.

Tel fut encore le détroit de Brieuf, que les Rois d'Eſpagne & de Portugal , d'Angleterre & d'Ecoſſe payaient aux Ducs de Bretagne ; ce n'était point un tribut , mais plutôt une récompenſe de la pro- tection que ces Ducs accordaient aux vaiſſeaux qui allaient ſe briſer ſur leurs côtes où les nauffrages étaient fréquens. Quand on remonte au principe de ces impoſitions , on découvre qu'elles ont été établies pour l'avantage mutuel de celui qui les paye & de celui qui les perçoit. Les Anglais n'ont point exercé cet acte de puiſſance ſouvéraine ſur le détroit de Gibraltar qui eſt beaucoup plus frequenté que celui du Sond ; quoiqu'ils y entretiennent des flotes aſſez puiſſantes pour y donner la loi, ils ont eu la modération de s'abſtenir de s'en dire les maîtres ; ſi par hazard, ils demandaient le droit qu'exigent les Danois ſur le Sond , à condition de purger les mers de Pirates Africains, le conſentement des Nations ne ſerait point contraire à la liberté de la navigation , il en aſſurerait plutôt les proſpérités ; on paye des

mercénaires

mercenaires pour fa défenfe , & celui qui vend fon fang fe met toujours au - deffous de celui qui l'achete.

L'honneur du pavillon eft une reconnaiffance de la fupériorité de celui auquel on le rend ; les Anglais fiers de leurs forces maritimes prétendent que les navires étrangers qui rencontrent leurs vaiffeaux de guerre doivent baiffer leur pavillon , & que ceux qui n'en ont point, doivent baiffer leur mat de perroquet ; cette prétention eft une conféquence de l'empire des mers qu'ils voudraient s'attribuer.

Le pavillon eft une banniere d'étamine qu'on arbore à la pointe d'un des grands mats. Sa couleur, les armes dont il eft parfémé apprennent à difcerner les différentes Nations & le grade de l'Officier qui commande ; l'ufage en eft fort ancien fur-tout chez les Peuples Septentrionaux ; les premiers Européens qui aborderent en Chine l'y trouverent établi. Il paroît que les Romains s'en fervaient auffi pour difcerner le Vaiffeau de l'Officier-Général ; lorfque le Prêteur commandait une flotte, fes Licteurs tenaient leurs haches & leurs faifceaux fur la proue de fon vaiffeau , & lorfqu'il rencontrait un Conful, ou quelque Magiftrat d'un grade fupérieur au fien, il baiffait fon pavillon, & fes Licteurs baiffaient leurs haches.

La délicateffe des Souverains fur l'honneur du pavillon a donné naiffance à des guerres fanglantes. Ce cérémonial de mer a toujours été reglé par la loi du plus fort. Les Puiffances amies , ont ufé de

tempéramens pour ne point compromettre leur autorité, & ces faluts ont été regardés par elles comme
des faluts d'honneur & de cérémonies. Cette déférence confifte à fe mettre fous le vent, à amener le
pavillon, à faire les premieres & les plus nombreufes
décharges d'artillerie, à ferler quelques voiles & par-
ticulierement le grand hunier, à envoyer un Officier
à bord de celui qui exige ce témoignage de refpect.
Prendre le deffous du vent eft la plus grande foumif-
fion qu'on puiffe faire en mer. Dès que le pavillon
royal eft arboré, il ne doit point s'abattre pour fa-
luer ; fi l'on veut l'y contraindre, il faut combattre & c'eft à la victoire à décider ; mais le vainqueur ne peut s'en faire un titre pour l'exiger comme devoir.

Lorfque les flottes de deux Nations amies fe rencontrent en mer, la plus puiffante peut, fans déroger, défférer le falut d'honneur à la plus faible. C'eft
une politeffe fans conféquence : lorfque la flotte
d'Efpagne deftinée contre les Hollandais rencontra
fur nos côtes les vaiffeaux de France qui étaient
beaucoup inférieurs en nombre, les Efpagnols les
prévinrent par un falut d'honneur que le Duc de
Guife leur rendît par plufieurs décharges de fon artillerie.

Ce que plufieurs Nations ont fait par décence &
honêteté, les Anglais dans divers tems l'ont exigé
comme devoir. Le Roi Jean dans la feconde année
de fon Regne donna une Déclaration qui marquait
plutôt fon orgueil que fa puiffance ; voici comme

(115)

il s'énonçait dans son Idiome Normand : *Si le comman-
dant de ma flotte royale rencontre sur la mer aucune nef
ou vaisseaux chargés ou vuides qui ne veulent avaler
ou abaisser leurs triefs au Commandement de l'Amiral
du Roi, ou son Lieutenant ; mais combattant contre
ceux de la flotte, que s'ils peuvent être pris, qu'ils soient
reputés comme ennemis, & leurs nefs, vaisseaux, & biens
pris comme biens des ennemis ; tout soit que les maîtres
ou possesseurs d'iceux.* Tant que ce Roi fût le plus puis-
sant en vaisseaux, il exerça cette tirannie ; il fit sai-
sir tout les navires de ceux qui refuserent de se
soumettre à cette servitude ; l'équipage fut jetté dans
des prisons & on lui infligea des peines corporeles.
Mais lorsque ce Prince eût éprouvé les revers de la
fortune, il fut chargé lui-même des entraves qu'il vou-
lait donner.

Plusieurs de nos Rois ont eu les mêmes prétentions, Henri II. & Henri III. donnerent deux dé-
clarations pour assujettir toutes les Puissances à bais-
ser leurs voiles devant leurs vaisseaux. Ces déclara-
tions n'eurent point d'exécution. Les Hambourgeois
furent les premiers qui refuserent de s'assujettir à ce
cérémonial ; leurs vaisseaux furent saisis & confisqués.
Ils en appellerent au premier Tribunal du Royaume ;
l'Avocat Général Servien opina pour la restitution,
alléguant que la déclaration par défaut d'enregistre-
ment ne pouvait avoir force de loi ; & que la France
ne pouvait se rendre juge & arbitre d'une cause où
toutes les Nations devaient être appellées pour discu-
ter leurs privilèges.

P ij

Il eſt impoſſible d'établir une police conſtante ſur une matiere auſſi délicate : car ou deux Puiſſances ſont en guerre, ou elles ſont alliées : dans le premier cas, toutes conventions ſont rompues & c'eſt la force qui dicte la loi : dans le ſecond, on ne peut exiger d'une Puiſſance amie des déférences humiliantes pour elle. Louis XIV allié de Cromwel & enſuite de Charles II, auroit révolté la fierté anglaiſe, s'il eût exigé des diſtinctions que ces inſulaires prétendent leur être dues. Il y eut depuis 1667 juſqu'en 1672 des négotiations entre la France & l'Angleterre, où ſans décider le fond, on prit des tempéramens qui ſauvaient l'honneur des deux Nations. Enfin, Louis XIV fit publier en 1689 un réglement dont l'exécution dépendra toujours de l'état de nos forces maritimes. Les puiſſances ſupérieures en vaiſſeaux ne ſe ſoumettront jamais à une loi qu'elles pourront enfreindre avec impunité. Louis XIV n'exigea jamais ces ſaluts comme un devoir, mais ſeulement, comme un ſimple ſalut d'honneur & de cérémonie.

Les Anglais pour l'exiger s'appuient ſur quelques exemples. Ils ont quelque fois abuſé de leur ſupériorité, & à la faveur de leur canon, ils ont joui d'honneurs uſurpés. Il eſt vrai que du tems de Cromwel, il fut conclu un traité qui obligeait les Hollandais à baiſer leur pavillon ou leur mat de Perroquet devant les vaiſſeaux Anglais dans toutes les mers Britaniques, depuis le Cap de Finiſtere, juſqu'à l'endroit du continent appellé Staten dans la Norvege: ce fut en conſéquence de ce traité que l'Amiral

(117)

Tromp dont le vaiſſeau était à l'ancre dans le Port
d'Amſterdam, ſalua le navire du Comte d'Arondel
qui arrivait en Hollande, pour y faire les fonctions
d'Ambaſſadeur ; mais ce brave Amiral proteſta que ce
ſalut d'honneur ne pouvait être allegué comme un
témoignage de ſubordination. Au reſte l'exemple de
ces Républicains plus jaloux d'étendre leur commerce
que de chicaner ſur le cérémonial, ne peut être un
engagement pour les autres Nations ; il ſuffit que la
mer ſoit libre par ſa nature, que chacun ait en naiſſant, le droit d'uſer des eaux & des vents pour imprimer l'opprobre de forban à quiconque oſe s'en attribuer la monarchie univerſelle.

  Avant de finir cet article je vais expoſer deux réflé-
xions qui renferment des vérités honorables. 1°. Il parait
que nos ancêtres étaient plus redoutables ſur mer par
leur courage que par la ſcience des manœuvres. A
l'exemple des anciens Romains, ils n'équipaient de
flottes que dans le beſoin & au retour de la paix,
ils déſarmaient leurs vaiſſeaux : l'art dut languir dans
une longue enfance chez toutes les Nations, puiſque
dans le tems que les Français remportaient des victoires navales, le commandement de leurs flottes n'était
confié qu'à des gens qui n'avaient fait ſur mer aucun apprentiſſage de guerre. Il eſt vrai que dans la
naiſſance de la monarchie, il y avait des Marquis &
des Comtes établis pour veiller à la ſureté des côtes
& des embouchures des rivieres. Mais ces Officiers
étaient revêtus d'un titre dont ils faiſaient rarement les
fonctions. Au premier ſignal de la guerre, nos Rois

remettaient le commandement de leur flotte à des Capitaines qui s'étaient signalé sous la tente. Ce fut ainsi que les Connétables Bouchard, d'Armagnac & Clisson, guerriers amphibies, commanderent avec succès sur les deux élémens. Dès le règne de Charlemagne, on avait vu le Chancelier Archambault quitter ses fonctions pacifiques pour remplir celles d'Amiral. En 1191, Gerard, Archevêque d'Auch, & Bernard, Evêque de Bayone, revêtus du même titre, mirent à la voile avec une nombreuse flotte pour aller exterminer les infidèles dans la Palestine. La politique dicta ce choix. Les Croisés en combattant sous les ordres des Ministres de l'autel avaient ou la confiance de vaincre, où l'espoir de mourir couronnés de la palme du martyre.

L'usage d'appeller au commandement des chefs qui n'avaient nulle expérience de la mer, paraîtra moins bisare, si l'on fait attention que le courage était suffisant pour faire un excellent homme de mer. Alors tout se décidait à l'abordage, on se cherchait, on s'élançait sur le vaisseau ennemi où l'on combattait avec les mêmes évolutions & le même ordre que sur terre. L'expérience qu'on avait acquise sur un élément, était une leçon qui dirigeait sur l'autre. On n'avait besoin que de matelots robustes pour exécuter les manœuvres, & de pilotes habiles pour les commander. Cet usage de combattre se perpétua longtems après l'invention de la poudre; il a fallu le secours du tems pour apprendre à bien diriger le canon contre ces citadèles flottantes que la mobilité & l'agi-

tation des eaux femblent protéger contre les ravages
de l'artillerie. Il réfulte de ces faits hiftoriques une
vérité honorable pour les Français ; puifqu'ils démon-
trent qu'ils font nés pour combattre avec une gloire
égale fur les deux élémens, & qu'il leur fuffit de
mettre le pied fur un vaiffeau pour faire éclore le
germe des talens qu'exige le fervice de mer.

2°. Il eft à propos d'obferver qu'avant François I.er
nos Rois n'avaient point de marine reglée ; quoique
fous les règnes précédens, on eût vu fortir de nos ports
des flottes nombreufes ; il n'en eft pas moins vrai que
nos Souverains n'avaient point de vaiffeaux à eux ; mais
quand le befoin de l'Etat l'exigeait, les communes &
les villes maritimes leur en fourniffait un nombre pro-
portionné à leur opulence. Chaque particulier avait
encore la permiffion de conftruire & d'armer autant de
navires qu'il lui plaifait pour protéger fon commerce ;
il pouvait les louer & les vendre même à des étrangers. Ce trafic enrichit les Vénitiens & les Genois,
& il était une reffource pour les Rois qui, au premier
mouvement de la guerre, raffemblaient une flotte qui
n'exigeait point de dépenfes préliminaires. Le mar-
chand y trouvait un avantage réciproque, puifqu'il
louait au Souverain des navires dont il ne pouvait
fe fervir pour fon commerce qu'en tems de paix. Cette
liberté de conftruire des navires eft confignée dans
nos annales. Philippe de Commine nous apprend que
dans l'expédition de Naples par Charles VIII, la plus
groffe Galeaffe avait été conftruite & équipée à fes frais.
Le fameux Jacques Cœur, nommé Ambaffadeur à Rome

& à Gênes, mit à la voile avec onze vaisseaux armés à ses dépens. Ce fût avec cette flotte que ce citoyen célèbre par ses richesses & plus encore par sa chûte, délivra Final assiégé par les Genois. L'inique arrêt qui le condamna dans la suite au bannissement, ordonna la confiscation de ses galères, galeasses, gallions & navires, ce qui prouve qu'il suffisait d'être riche, pour partager avec le Souverain une espèce d'empire sur la mer.

La seule prérogative du Trône était de mettre un prix arbitraire aux navires des particuliers. Dans la guerre allumée entre Philippe de Valois & Edouard, Roi d'Angleterre, le Comte d'Aumale & le Sire de Montmorenci furent chargés d'enlever tous les vaisseaux qui se trouvaient dans les Havres de Flandres & de Normandie. Ces deux Provinces furent encore assujetties à payer six cents mille livres pour les frais de l'armement ; ces impositions ne faisaient point de murmurateurs, parce qu'on sentait qu'il était de l'équité que le pays le plus menacé d'invasions contribuât le plus à sa propre défense. L'impôt n'a rien d'odieux pour le Français quand il sçait qu'il n'est point employé à de foles profusions : il ne se récrie que sur la manière rigoureuse de le percevoir. Lorsque les Espagnols en 1635 se furent emparés des Isles Sainte-Marguerite & Saint-Honorat, les Provençaux donnèrent un témoignage de leur attachement à Louis XIII. Un Bauveau, Evêque de Nantes, fit assembler les Communes à Frejus, & il en obtint un don gratuit qui mirent le Monarque en état d'enlever à l'ennemi

sa

fa conquête avec les vaiffeaux qui fe trouvèrent fur les côtes de Provence dont le Prélat fe faifit fans faire de mécontens.

Ces contributions volontaires ont préparé les plus grands évènemens chez les peuples républicains; elles élèvent l'ame que la contrainte flétrit. On devient meilleur citoyen, à mefure qu'on contribue aux profpérités de l'Etat. Un particulier tranquile auprès de fes foyers domeftiques fe croit affocié au triomphe du foldat, parce qu'il a facrifié une portion de fa fortune pour acheter des défenfeurs à la patrie. Je vais citer quelques exemples de cet enthoufiafme patriotique pour embrâfer le cœur de nos Français de ce feu divin. Accoutumés à chérir un pere dans un maître qu'ils refpeɔtent, leur amour pour leurs Rois les rend capables d'exécuter tout ce que le fanatifme républicain a produit de plus héroïque.

Les Romains dans la feconde guerre Punique perdirent deux flottes; l'une fut défaite fur la mer de Sicile par les Cartaginois, & l'autre fut jettée par la tempête fur les Syrtes d'Afrique. Le peuple ambitionna l'honneur de réparer cette perte fans recourir aux impôts. Chaque Romain, enfant de la patrie, prêta une main fecourable à cette mere commune. Les moins fortunés fe cotisèrent pour fournir une galère; les plus opulens en firent conftruire jufqu'à trois. Chacun mît la main à l'ouvrage, & tous voulurent être conftruɔteurs ou matelots. Cette émulation rendit à l'Etat fa première vigueur : fept cens pontons & trois cens galères mîrent à la voile pour la Sicile :

Q

une flotte qui ne portait que des citoyens devait être invincible : il y eut un combat où le Conful Luⅽ̆ta-tius remporta une victoire complette fur Amilcar Barca ; quatorze mille Cartaginois périrent par le fer, ou furent engloutis fous les flots, trente quatre mille furent faits prifonniers, & trois cens galères furent coulées à fond.

Les Sénateurs étaient trop fiers pour le céder au peuple en générofité. Quelque tems après, Annibal ravagea l'Italie. Le peuple accablé fous le poids des impôts ne gémiffait que de l'impuiffance où il était de contribuer à l'entretien des flottes. Emile & Fla-minius qui exerçaient alors la cenfure, propofèrent un Édit qui affujétiffait chaque Sénateur à entrete-nir un certain nombre de galères, fans rien exiger du peuple. Cet Édit fut reçu avec tant d'enthou-fiafme, que le nombre des matelots & des galères excéda celui qu'on avait demandé : le Préteur Man-lius partit pour la Sardaigne ; la conquête de cette ifle fut le prix d'une victoire qui coûta la vie à trente mille Sardes, & treize mille tombèrent dans la cap-tivité ; les Cartaginois qui étaient venus à leur fecours furent enveloppés dans le carnage ; douze mille ref-tèrent fur la place ; quatre mille furent faits prifon-niers avec leurs Généraux Hannon, Afdrubal & Magon.

Ce fut cet amour de la patrie qui fit paffer le feptre de la Grèce dans les mains des Athéniens. Ces Répu-blicains poffeffeurs d'un fol ingrat & ftérile furent redevables de leur gloire & de leur abondance à leurs

forces maritimes ; ils entretenaient dans le Pirée trois
cens galères , & ils en faifaient conftruire vingt nouvelles tous les ans. Une police infpirée par le zèle
patriotique avait pourvu à cette dépenfe, en établif-
fant des Treriarques. C’était le nom qu’on donnait
aux citoyens affez riches pour fournir des galères à la
République ; cette obligation était proportionnée à
leur fortune. Les moins opulens fe réuniffaient quelquefois jufqu’à dix pour conftruire une feule galère ,
& quelquefois un feul en fourniffait jufqu’à trois avec
une chaloupe. Quoique le titre de Treriarque fût oné-
reux , c’était la plus noble diftinction du citoyen ; celui qui donnait le plus était le plus honoré ; on ne
les tirait jamais de la dernière claffe du peuple qui ne
poffédant rien , était affranchie de tout impôt. Comme
chez toutes les nations, il fe trouve des ames viles &
deffechées qui font étrangères dans leur patrie , il y
avait des curateurs de la marine armés de l’autorité ,
pour affujétir tous les particuliers à cette contribution. Ces Magiftrats qu’on nomme Stratègres étaient
chargés de faire l’eftimation des biens , & d’examiner
au bout de chaque année quelle révolution la fortune
de chaque particulier avait effuyée. Il n’était pas rare
de voir un Athénien exagérer fon opulence pour avoir
l’honneur de faire de plus magnifiques largeffes à
l’Etat. Mais celui qui était affez lâche pour déguifer
fes revenus fubiffait une note infamante. On attachait
tant d’importance à la marine , que le peuple s’affem-
blait tous les ans pour juger de l’adminiftration des
cinq cens Sénateurs qui compofaient le Sénat. Il dé-

Q ij

cernait des couronnes à ceux qui avaient fait conftruire de nouvelles galères , & dégradait ceux qui avaient négligé d'entretenir les anciennes. Ce n'était qu'en veillant à une marine floriffante qu'un Magiftrat était jugé digne de préfider aux deftinées publiques.

Les peuples modernes nous offrent des exemples multipliés d'un pareil dévouement. Lorfque dans le quatorzième fiècle , deux Puiffances rivales fe difputaient l'Empire du Golphe Adriatique , les Génois effuyèrent une défaite qui détruifit entièrement leur marine. Les dépenfes d'une longue guerre avaient épuifé leurs reffources. Les Sénateurs, à qui il ne reftait plus que leur courage, ne défefperèrent point du falut de la République : les Doria , les Fiefques, les Spinola & tous les nobles Génois vendirent leurs biens, dont le produit fut verfé dans le tréfor public. Le généreux Doria , après ce facrifice fait affembler le peuple, *braves Génois*, leur dit-il, *je me fuis dépouillé de tout pour relever notre commune patrie ; il ne me refte plus que cette chaîne d'or que vous voyez fufpendue à mon col, comme une récompenfe honorable de mes fervices, je la détache & j'en fais un don à la République ; je rougirais de poffeder quelque chofe quand la République manque de tout.* Ce difcours & ce défintéreffement héroïque relevèrent les courages abbatus, le dernier des citoyens ambitionnant l'honneur d'être auffi pauvre que lui , ne fe referve que fes bras pour combattre ou pour défier la mort préférable à la fervitude : Gênes défendue par des citoyens redevient auffi redoutable que dans les jours de fon ancienne fplendeur.

Les Français, fiers de l'être, font capables d'un
défintéreffement auffi magnanime ; il ne faut qu'une
main habile pour faire mouvoir un reffort qui a produit de fi grands évènemens. Une politique fublime
dirigera bientôt leurs penchans vers la patrie ; l'inconftance qu'on leur reproche les rend fufceptibles de
toutes fortes d'impreffions & même d'excès ; mais ces
excès, quand ils font tournés vers le bien, peuvent
produire les chofes les plus utiles. Ce font les eaux
d'un fleuve qui, dans leurs débordemens, fertilifent
les campagnes les plus arides. Les Français, naturel-
lement difpofés à prodiguer leur fang pour leurs
Rois, aiment à réferver leur or pour leurs plaifirs ;
le fafte leur paraît plus honorable qu'une noble fim-
plicité ; ils reffemblent aux foldats de Céfar qui n'allaient au combat que parfumés. Il ne faut que quelques illuftres exemples pour caufer une révolution
dans leur mœurs ; ils ont déja un modèle dans ce def-
cendant des Rois que nous avons vu quitter les dé-
lices de Scyros pour voler aux bords du Simoïs.
Quand nous n'avons rien à craindre pour nous, notre
amour nous fait tout craindre pour lui.

Nous avons des héros ; voulez-vous des citoyens ?
Gravez fur le marbre & l'airain les facrifices faits à la
patrie ; que le burin & le cifeau de nos Fhidias & de
nos Praxiteles ne foient confacrés qu'à perpétuer les
traits de ces ames généreufes qui fe débarrafferont de
leur fuperflu pour procurer à l'Etat le néceffaire ; fi
les honneurs & les diftinctions ne font accordées
qu'aux bienfaiteurs de la patrie, elle n'aura que des

enfans tendres , affectueux & dignes d'elle. Nous sommes moins dirigés par nos penchans que par l'opinion qui défigure à son gré tous les objets. C'est son empire qu'il faut détruire pour faire règner la raison. Elle apprendra aux Crassus que le retranchement de quelques valets ou de quelques autres animaux domestiques leur fournira le moyen de faire à la patrie un sacrifice aussi honorable que leur faste est ruineux. Que la jeunesse soit nourrie dans le mépris de ces dissipateurs moins voluptueux que débauchés, qui prodiguent à une Lais ou une Phriné l'or qui suffirait pour équiper une frégate ou une galère. Ecartons des honneurs ces enfans de la fortune qui se croyent enfans de la gloire par un luxe dont l'éclat ne fait qu'éclairer leur premiere bassesse ; mais honorons - les comme des économes fidèles, s'ils versent dans le trésor de l'État une portion des fruits qu'ils ont reçu de lui. Des exemples, je le répète , & des distinctions, nous suffisent pour nous engager à faire les sacrifices les plus rigoureux ; nous aurons des Aristides, des Curius & des Phocions dès que la pauvreté volontaire ne sera plus punie par le mépris. Nous avons éprouvé sous le dernier règne la premiere impulsion de ce zèle patriotique , & c'est à la Province du Languedoc qu'est reservée la gloire d'en avoir donné l'exemple. Plusieurs Villes équiperent chacune un vaisseau de guerre : cette émulation embrâsa toutes les Provinces, & il n'y eut que le retour de la paix qui rallentit ce zèle généreux. Ceux qui tiennent les rênes de l'Etat tournent à leur gré les

penchans ; le peuple eſt une argile molle & fléxible dont
ils peuvent faire ou des vaſes de gloire ou des vaſes
d'ignominie. Les Rois dignes de l'être peuvent tout ſur
les cœurs ; Licurgue apprît aux Spartiates à mépriſer les
richeſſes ; l'éducation apprît aux femmes Cartaginoi-
ſes à préférer au don de plaire les proſpérités publiques ; quand on leur annonce que les vaiſſeaux deſtinés
à défendre leur ville aſſiégée manquent de cordages,
elles ſe dépouillent de leur plus attrayante parure ;
& coupant leurs cheveux, elles en font elles-mêmes
des cordages qui mettent la flotte en état de combattre. Le germe de cet héroïſme patriotique eſt dans
le cœur de nos Françaiſes, il ne faut qu'un ſouffle
léger pour allumer ce feu divin ; leurs biens ne leurs
ſont pas plus chers que leurs époux & leurs enfans
qu'elles invitent à défier les périls & la mort dans les
combats. En jettant les yeux ſur ces fiers Anglaiſes
qui renoncent au luxe & aux frivolités pour armer
des navires, voudront-elles leur céder en généroſité ?
c'eſt dans l'uſage de leurs richeſſes qu'elles doivent ſe
montrer leurs émules ; qu'à l'exemple de cette veſtale
qui avec ſa ceinture lança une galère dans le Tibre,
elles couvrent la Manche & l'Océan de leurs pavil-
lons. O! mes illuſtres concitoyens, vous n'avez pas
beſoin de modèles, mais je ne puis me diſpenſer de
vous propoſer l'exemple de ces braves Hongrois qui
font tout pour la gloire d'une Souveraine qui fait leur
bonheur ; ils n'attendent point que ſes vœux les ſol-
licitent pour voler au ſecours de l'Etat. Ils la prévien-
nent ; & leur terre ne produit que de l'or, des héros

& des soldats. L'étranger nous envie le fort d'être nés Français : juſtifions ce titre par le noble ſacrifice de tout ce qui peut perpétuer les proſpérités publiques.

BERNARD RENAU.

LE s grandes places mettent les talens dans une expoſition favorable ; mais il eſt des hommes qui, inconnus à leur ſiècle, ne ſont vangés de cet oubli que par les hommages de la poſtérité ; ce ſont des agens inviſibles qui préparent en ſecret les événemens mémorables dont les enfans de la fortune envahiſſent toute la gloire : celui dont je conſacre ici la mémoire ne fut revêtu d'aucune de ces décorations qui en impoſent au vulgaire ; il n'exécuta rien en ſon nom ; mais ſon génie éclaira les Généraux & les Miniſtres. C'était l'ange qui veillait à la ſureté de l'Empire.

Bernard Renau, né en Bearn l'an 1652, ſortait d'une famille dont une branche connue ſous le nom d'Eliſangarai figurait avec éclat dans la Navare. Il eſt à préſumer que quelqu'un de ſes ancêtres ſuivit la fortune de Jean d'Albret, lorſque ce Prince dépouillé de ſes États, fut chercher un azile dans le Bearn. Il ſembla ignorer la nobleſſe de ſa deſcendance ; il n'en avait pas beſoin. Les actions des Du-Queſne, des Bart & des Cornich ſont leurs plus beaux titres. La nature qui compenſe ſes faveurs fut avare

envers

envers lui des préfens de la fortune ; mais elle le grati-
fia des dons du génie. Il était d'une taille fi pe-
tite qu'on ne le nommait jamais que le petit Renau.
Cette avarice de la nature forme fouvent un préjugé nuifible à l'avancement. Le vulgaire a peine à concevoir qu'une grande ame foit renfermée dans un petit corps. Made. de Gaffion s'élevant au-deffus de l'o-
pinion démêla la trempe de fon cœur & de fon efprit :
elle préjugea fa gloire future & voulant qu'elle fût
fon ouvrage, elle le recommanda à fon frere M.
Colbert du Terron, Intendant de la Marine à Roche-
fort. Le mérite indigent a befoin d'une main fecourable qui le place fur la montagne pour être apperçu.
M. du Terron fe fit un plaifir de cultiver une plante
qui promettait de fi beaux fruits. Le jeuné Renau,
enfant d'adoption, fçut tempérer l'envie qu'excite
parmi la domefticité un étranger chéri.

Quoique né avec une imagination vive & gra-
tieufe, l'auftérité des mathématiques ne lui offrit rien
de rebutant. On ne peut pas dire qu'il étudia la géométrie, puifqu'il était géometre en naiffant. Il fe fit
feulement une étude d'en appliquer les principes à
la marine. Elevé parmi les conftructeurs des vaiffeaux,
il fut étonné de la variété des connaiffances qu'exigeait leur art, & plus encore de l'inftinct qui dans
eux tenait lieu de principes. Les anciens femblent
être excufables d'avoir attribué à Minerve l'invention
du navire des Argonautes ; n'avaient-ils pas des mo-
tifs de croire qu'un fi bel ouvrage furpaffait les forces
de l'efprit humain. M. Renau crut qu'en affujétiffant

R

les conſtructeurs à des règles plus ſures, il les met-
trait en état d'étendre la ſphere de l'art. Ses vues
décélaient un génie créateur qui lui mériterent la
protection de M. de Seignelai, Miniſtre de la Marine.
Ce fût à ſa recommandation qu'il fut placé auprès de
M. le Comte de Vermandois, Amiral de France,
pour lui donner des leçons ſur les devoirs de ſa
charge.

Louis XIV. voulant perfectionner la conſtruction
des vaiſſeaux, conſulta les Maîtres de l'art & les
Généraux les plus expérimentés : des conférences
furent établies, où chacun expoſa librement ſon opinion. M. Renau, ſans être décoré d'aucun titre dans
la Marine, y fut appellé; il propoſa une méthode
nouvelle, & il eut pour concurrent le grand Du
Queſne dont l'autorité impoſante ne pût le fléchir.
Cet illuſtre marin ſubjugué par l'uſage & par l'éducation, ſoutenait que l'exceſſive grandeur d'un vaiſſeau s'oppoſait à ſa légereté & au jeu de ſes manœuvres; il avouait qu'ils étaient les plus utiles dans
les batailles & les voyages de long cours, parce qu'ils
portaient plus de combattans, que leur artillerie
était plus reſpectable & leur charge plus forte; mais
à ces avantages, il oppoſait qu'un grand vaiſſeau
battu de la tempête ou pourſuivi par l'ennemi, trouvait rarement des havres aſſez vaſtes pour le recevoir,
que la quantité d'eau qu'il tire l'expoſe ſans ceſſe à
échouer dans les bas-fonds, ſurtout pendant la nuit
où le pilote le plus expérimenté ne peut le garan-

tir de ce péril que fur des côtes qui lui font parfai-
tement connues.

M. Renau plein de déférence pour le héros de
la mer, n'en fût pas moins ardent à défendre fon
nouveau fyftême. Dès qu'il eut propofé fa nouvelle
méthode, Du Quefne trop riche de fa propre gloire
pour être jaloux des productions d'autrui, eut la générofité de s'avouer vaincu, & dès ce moment il fe
fit un mérite d'être fon ami. Renau honoré d'un fi
noble fuffrage, fut choifi pour accompagner le Che-
valier de Tourville dans les différens ports de France,
où il fit exécuter en grand ce qu'il avait ébauché en
petit. Le mérite de fa création fut de donner à des
conftructeurs novices la facilité d'exécuter ce qui
demandait autrefois le fecours d'une longue expérience; il dût à fe féliciter d'avoir pour juges les
Du Quefne & les Tourville; il eût été arrêté par ces
efprits fubalternes qui cenfurent tout ce qu'ils n'ont
point appris dans l'enfance. Leur vanité eft humiliée
de recevoir des leçons dans un âge où l'on doit être
capable d'en donner.

Les Algériens en 1680, infultèrent le pavillon
Français. Louis XIV. ne laiffa point cette injure im-
punie. M. Renau propofa de réduire cette Ville en
cendres par le bombardement. Cette propofition fut
regardée comme le fruit du délire : perfonne n'avait
encore conçu la poffibilité de placer des mortiers
fur des vaiffeaux ; ce qui n'a point encore été
fait paraît toujours impoffible à la médiocrité. Du
Quefne même parut douter ; mais la confiance qu'il

avait dans la capacité de fon ami, lui en fît défirer l'expérience. Des galiotes d'une conftruction nouvelle furent bâties à Dunkerque & au Havre; elles différaient des autres par un tillac, où il ajufta des mortiers pour tirer des bombes. A peine furent-elles lancées en mer qu'elles furent affaillies d'une tempête furieufe. Les digues de la Hollande furent renverfées; quatre-vingt-dix navires échouerent fur la côte ou furent enfevelis fous les flots. Celle que M. Renau montait réfifta à l'ouragan, & fit taire les cenfeurs qui avaient foutenu que ces galiotes ne pouvaient jamais foutenir la mer, même en tems de calme.

Il mît enfuite à la voile pour Alger, où il commença fes opérations. Une carcaffe qu'il voulut tirer mît le feu à fa galiote chargée de bombes. L'équipage effrayé fe précipite dans la mer, prefque feul & toujours tranquille, il travaille pour arrêter le ravage des flammes. Le brave Rémondis voyant cette galiote en feu s'en approche moins pour la fauver que pour fecourir ceux qui pouvaient y être reftés; fon équipage, étonné du danger, fe révolte & refufe de le fuivre; il le force l'épée à la main, à partager le péril avec lui. Quelle fut fa furprife! En entrant dans la galiote, il apperçoit l'intrepide Renau qui, avec deux matelots, couvrait de cuir près de cent bombes chargées; il court l'embraffer, & l'un admire dans l'autre l'héroïfme qu'il a dans fon cœur.

La galiote fut fauvée, & le lendemain on commença le bombardement. Le ravage fut fi affreux que

(133)

la moitié des habitans fut écrafée fous les ruines des maifons, prefque toute l'autre moitié fut cher- cher un azile dans la campagne, & la Ville ne fut plus qu'un défert. Les Algériens confternés mandie- rent humblement la paix; Du Quefne allait leur en prefcrire les conditions, lorfque les vents qui, dans cette faifon couvrent cette mer de nauffrage, l'obli- gerent à fe rapprocher des côtes de France. Le Roi convaincu des avantages de ces galiotes en fit conf- truire un grand nombre ; un nouveau corps de bom- bardiers fut établi, & dans la feconde expédition con- tre Alger, cette Ville foudroyée par les galiotes à bombes ne prévint fa ruine prochaine que par fa fou- miffion. La gloire d'une nouvelle invention pour exterminer les hommes appartient toute entiere à M. Renau. Etrange contradiction ! les génies fupé- rieurs ont toujours refpecté, la plume à la main, les droits de l'humanité, & ce font dans leurs veilles qu'ils ont cherché à perfectionner un art qui n'eft glorieux qu'à mefure qu'il défole la terre. Des Chiens, fi célèbre par des machines qui caractérifent un génie créateur, découvrit quelque tems après, le moyen de lancer des bombes avec du canon ; il en fit l'ex- périence contre quatre vaiffeaux Anglais, dont le moindre était plus fort que le fien ; comme il ne chercha point à les éviter, il fut bientôt invefti. Alors il tira deux cens canons à bombes qui mîrent le feu à deux vaiffeaux ennemis. Les Anglais étonnés de voir lancer des feux de fi loin fe retirerent avec précipitation. Je ne veux point diminuer le mérite de

cet Officier inventeur à qui l'artillerie de mer a de
si grandes obligations; mais j'ose dire que l'invention
de M. Renau fit naître l'idée de la sienne.

Montecuculli, après la mort de Turenne & de
Condé, renonça au commandement des armées, parce qu'il n'avait plus en tête des Généraux dignes de
lui; Renau par un autre motif se dégoûta de la marine, parce que la mort de Du Quesne lui enlevait
un ami, & qu'il ne pouvait se flatter de trouver dans
son successeur la même conformité de vues. Il tourna
ses penchans vers le service de terre. M. de Seignelaï qui en connaissait tout le prix le réclama comme
appartenant à la Marine, & c'était un bien trop pré-
cieux pour en faire le sacrifice. Il l'employa au bombardement de Genes où il confirma la haute idée
qu'on avait conçue de ses talens. Après que cette République eût réparé ses erreurs, il resta sans emploi.
M. de Vauban était depuis longtems son idole ché-
rie, il sollicita & obtint la permission de servir sous
ses ordres. Cet illustre Maréchal était alors occupé à
fortifier les places de Flandre, il fut flaté d'avoir
au rang de ses disciples celui qui était capable de
donner lui-même de sçavantes leçons, & comme il
désirait sincerement que ses subalternes fussent en état
de le surpasser, il le demanda pour collegue dans la
direction du siege de Philisbourg: dès qu'il eût fait
l'essai de ses talens, il se reposa sur lui de la conduite
du siége de Manheim & de Frankendal, où il montra
une capacité digne de remplacer un jour Vauban qui,
en nous apprenant l'art de fortifier les places, apprit

en même tems l'art de les prendre. La guerre de 1689
lui ouvrit un nouveau champ de gloire : ce fût par
ses conseils que le Roi au lieu de vaisseaux de cinquante & de soixante canons, en fit construire de
quatre-vingt & de cent. Le Géomètre militaire eut
la confiance d'assurer le Monarque qu'avec de pareils
vaisseaux la France prendrait la supériorité sur les
flottes combinées de l'Angleterre & de la Hollande :
tandis que son génie éclairait le Conseil, il s'exer-
çait en secret sur les signaux, les ordres de bataille &
les évolutions navales.

Le sort des combats dépend de l'exactitude à donner & à exécuter les signaux. Ils sont sur mer ce que
les Aides de Camps sont dans les armées de terre. M.
Renau, habile à tout prévoir, en proposa pour tous
les cas qui pouvaient se présenter. M. de Tourville,
aidé de ses lumières en fit imprimer une liste qui suppose beaucoup de combinaisons. Le grand art est d'en
cacher la connaissance à l'ennemi, & c'est en les va-
riant qu'on le jette dans l'erreur. C'était ainsi que
dans son cabinet, il apprenait à beaucoup d'Officiers
ce qu'ils croyaient sçavoir ; il s'en trouva d'assez mo-
destes pour profiter des lumières d'un savant qui
n'était pas de leur corps.

Le Roi sembla se reprocher de l'avoir laissé si
longtems sans titre & sans décoration. Il est rare d'aller chercher le mérite qui se cache ; il est plus com-
mode de tout accorder à l'intrigant présomptueux
pour se débarasser de ses importunités. Le Roi crut
devoir prévenir la modestie d'un sçavant qui, capable

de tous les emplois n'avait aucun grade dans la Société. Il répara ce long oubli par une commiſſion de
Capitaine de vaiſſeau avec la prérogative d'entrer dans
le Conſeil de la Marine & d'y avoir voix délibéra-
tive. Il joignit à cette diſtinction douze mille livres
de penſion. M. Renau indifférent pour la fortune &
les honneurs qu'il fuyait à meſure qu'ils allaient le
chercher, négligea de faire expédier ſon brevet. M.
de Pontchartrain parvenu au miniſtère, après la mort
de M. de Seignelai, ignora pendant longtems ce qui
avait été fait par ſon prédéceſſeur. Il ne devait point
ſuppoſer que dans un tems où il était invoqué par
tous les adorateurs de la fortune, il y eût un homme
aſſez déſintéreſſé pour ne pas fixer les yeux ſur un
aſtre naiſſant dont l'influence lui était néceſſaire.

Cette révolution dans le miniſtère l'eût laiſſé vieil-
lir dans un éternel oubli, ſi M. de Vauban ne l'eût
demandé pour conduire avec lui le ſiege de Mons.
L'harmonie qui regnait entr'eux, & la conformité de
leurs vues accélérerent la conquête de cette Ville.
Louis XIV, vainqueur ſur terre, était également ambitieux de la domination des mers. Il arma en 1691
une marine formidable. Les Officiers les plus expérimentés furent chargés de préſenter des plans pour les
opérations de cette campagne. Le Roi curieux de connaître quelle étoit celui de M. Renau, fut étonné d'apprendre qu'il n'en avait point donné ; le Miniſtre dit
que depuis qu'il était en place il n'avait jamais entendu
parler de lui. Le Roi le fît chercher, & ce fût à cette
époque

époque qu'il lui fit expédier les brevets honorables qui l'attachaient au corps de la Marine en qualité de Capitaine de vaiſſeau ; il ajouta à ce titre des prérogatives dont il ne fut flaté qu'autant qu'elles le mettaient en état d'être utiles. Cette élévation rapide arma contre lui l'envie ; on ne put lui pardonner d'être monté ſi haut, ſans avoir paſſé ſucceſſivement par les différens grades, & lorſqu'il fut envoyé à Breſt pour enſeigner ſes nouvelles pratiques ; il fut reçu comme un étranger qui venait envahir toutes les diſtinctions de la patrie ; & dès qu'il voulut tracer une nouvelle route à des Officiers courbés ſous le joug du préjugé, il fut traité de novateur ignorant & préſomptueux. Pluſieurs écrivirent à la Cour pour juſtifier leur indocilité. Louis XIV voulut être obéi. Deux principaux chefs de la faction furent caſſés & punis par un an de priſon, & ce ne fût que par les ſollicitations de M. Renau qu'ils furent rétablis dans leur grade. Ces deux Officiers furent aſſez généreux pour lui pardonner leur humiliation, & il fut aſſez grand pour continuer à les ſervir.

Il n'était rentré dans la Marine qu'à condition d'être alternativement employé ſur terre ; ſon cœur le rappellait ſans ceſſe vers M. de Vauban ; ſes vœux furent remplis : guerrier amphibie, il ſervit au ſiège de Namur ſous les ordres de cet illuſtre ami.

La défaite de notre flotte devant la Hougue avoit réduit notre Marine dans une eſpèce de néant. Louis XIV en donna le commandement au Maréchal de Tourville qui venait d'être revêtu de ce titre

S

pour le confoler d'un défaftre dont les fuites lui avaient été plus honorables aux yeux de l'Europe que la plus belle victoire : plufieurs projets de campagne furent préfentés ; lorfqu'on lui montra celui que le Roi & fes Miniftres avaient choifi, il eut le courage d'en démontrer les vices & les périls, & comme Louis XIV ne comptait point le don d'infaillibilité parmi les privilèges du Trône, il prit pour arbitre M. de Vauban qui donna la préférence au plan préfenté par fon ami ; ce fut fur ce plan que le Maréchal de Tourville mit à la voile, & enleva la flotte marchande des ennemis qui revenait de Smirne fous l'efcorte de vingt-deux vaiffeaux de guerre. Deux furent pris avec vingt - fept navires marchands. Plufieurs échouerent fur la côte, & quelques-uns fe refugierent à Cadix, à St. Lucar & à Gibraltar. Celui qui avait dreffé le plan de cette expédition ne mérite-t-il pas d'être affocié à la gloire du héros qui l'exécuta.

Sa nouvelle maniere de conftruire avait trouvé beaucoup de contradicteurs, il ne s'amufa point à les refuter par des raifonnemens qui ne reftent jamais fans réplique. L'expérience parle à tout le monde, & l'incrédulité la plus rebelle ne peut réfifter à fes leçons ; ainfi il fit conftruire un vaiffeau felon les règles qu'il avait établies, & il ne voulut fe repofer que fur luimême du foin de le commander : aux connaiffances d'un philofophe, il joignait le courage du plus intrépide foldat. A peine eût-il mit en mer qu'il apperçut de loin un vaiffeau ennemi qui revenait chargé des richeffes de l'Inde. Quoiqu'il parut excellent voilier,

il le pourfuit, le joint & le combat. L'Anglais après
une réfiftance opiniâtre, baiffe fon pavillon & fe
rend. Son vaiffeau avait été fi maltraité qu'il coula à
fond le lendemain. L'action fut fi meurtriere que cent
Français furent tués, & cent cinquante furent dangé-
reufement bleffés. Mais cette perte fut compenfée par
l'avantage d'avoir convaincu un peuple d'incrédules
de la fupériorité de la nouvelle méthode.

M. Renau après avoir donné des preuves de fon
intrépidité dans le combat, donna des témoignages
d'un défintéreffement héroïque, après la victoire. Les
diamans par un ufage établi dans la Marine appartiennent au Capitaine qui a pris un vaiffeau. Il s'en
trouva pour la valeur de quatre millions. Tant de
richeffes auraient ébloui un philofophe fuperficiel ;
M. Renau l'était par fes connaiffances & fes mœurs ;
il penfait qu'il était difficile d'être extrêmement riche
& exactement honnête homme, parce que l'exceffive
opulence prefcrit des devoirs envers l'humanité qu'on
aime à ignorer pour fe difpenfer de les remplir. Un
quart de ce riche butin fut diftribué aux Officiers &
à l'équipage ; il fit une offrande du refte au Roi qui
l'accepta en lui donnant une penfion de neuf mille
livres. Le Monarque fut dans cette occafion moins
magnifique que le fujet : mais les befoins de l'état
l'empêchaient alors de fe livrer à la nobleffe de fes
penchans. L'économie des Rois n'a que le vulgaire
imbécile pour cenfeur. M. Renau fut mieux récom-
penfé qu'avec des monceaux d'or, puifque tous les

Officiers qui avaient contribué à la gloire de fon fuccès furent à fa récommandation élevés à un grade fupérieur.

Sa générofité s'étendit jufques fur les vaincus ; &
ce fût en les foulageant qu'il ennoblit fa victoire ; la
niéce de l'Archevêque de Cantorbéri & deux femmes attachées à fon fervice prifes fur le vaiffeau ennemi , avaient perdu tous leurs effets ; il pourvut à
leurs befoins , & fa générofité s'étendit fur le Capitaine Anglais qui apprit à fa Nation que l'Officier
Français ne voit point un ennemi dans un homme
défarmé. Enfin M. Renau ne fe réferva que l'honneur
d'avoir vaincu , & cet honneur lui couta vingt mille
francs.

Après s'être diftingué en Europe fur les deux élémens, il paffa en Amérique fous prétexte de mettre
en fureté nos colonies & de les protéger contre toute
invafion étrangere : on lui fuppofa des deffeins plus
grands. La puiffance des Colonies Anglaifes ne lui
parut redoutable qu'à leurs maîtres ; & dès-lors il pré-
fagea qu'il ne fallait qu'une fecouffe pour caufer cette
révolution qui vient d'établir le trône de la liberté
dans le nouvel hemifphere. Le fléau de la pefte dont
l'Amérique fut frappée, hâta fon retour en France où
tout préparait des fcènes fanglantes. L'avenement de
Philippe V au Trône d'Efpagne replongea l'Europe
dans de nouvelles calamités : tous les Français bri-
guerent l'honneur de fervir dans l'armée du Petit-Fils
de leur Maître. Le jeune Roi demanda comme une
faveur M. Renau pour l'aide de fes confeils. Il partit

pour l'Espagne où il prévoyait qu'il aurait beaucoup de dégoûts à essuyer. Les finances étaient épuisées & les villes sans défense. Les peuples dans l'abattement étaient incertains devant quelle idole ils devaient se prosterner. Cette chaîne de montagnes qui sert de rempart à l'Espagne, les deux mers qui défendent ses côtes avaient fait négliger les fortifications, & le désordre des finances privait des moyens de les réparer. Réduit à donner des conseils & à dresser des plans qu'on ne pouvait exécuter, il craignit de compromettre sa gloire en restant le témoin oisif des conquêtes de l'ennemi : il demanda son rappel ; mais Philippe V pour le retenir lui déféra le titre de Lieutenant - général de ses armées, avec la promesse de le mettre bientôt en état d'exécuter de grandes choses.

Quoiqu'il eût beaucoup à se plaindre des Ministres, il ne travailla point avec moins de vigilance à servir le maître qui l'avait appellé; les Galions étaient entrés dans le port de Vigo, & leur retour promettait de tirer l'Espagne de son épuisement; mais il était à craindre qu'une si riche proye n'allumât la cupidité des Anglais qui couvraient la mer de leurs vaisseaux. M. Renau représenta le danger de laisser ce trésor dans une ville sans défense: ses représentations parurent inspirées par une prévoyance timide, il ne put vaincre l'obstination des Ministres; & ce ne fût qu'à force d'importunités qu'il obtint quatre cents chariots pour transporter dans les terres les richesses du Mexique. L'évenement justifia sa prédiction : quelques jours après, les Anglais bloquerent le port, &

s'en rendirent bientôt les maîtres. La flotte Françaiſe tomba en leur puiſſance, mais ils crurent avoir perdu le fruit de leur victoire en ne trouvant dans les Galions aucunes des productions qui avaient excité leur avidité; ils firent un nombreux détachement qui ſe répandit dans les terres; M. Renau, abandonné par les milices du pays, n'avait pu raſſembler que quatre cents hommes de cavalerie pour oppoſer à deux mille hommes dont la valeur naturelle était encore animée par l'eſpoir d'un riche butin. Il manœuvra avec tant de courage & de capacité, qu'il ne perdit pas un ſeul chariot. Cent millions conſervés à l'Eſpagne devaient intéreſſer la reconnaiſſance des Miniſtres; mais ils ne pouvaient lui pardonner d'avoir dévoilé leur imprudence, & ſes conſeils dédaignés faiſaient leurs cenſures.

Gibraltar n'avait point encore ouvert ſes portes à Philippe V, & c'était de ce roc inacceſſible que les rebèles défiaient avec impunité les vangeances de leur maître: M. Renau dreſſa un plan qui faiſait diſparaître toutes les difficultés qui avaient empêché juſqu'alors d'en former le ſiège Ce fût lui qui fut chargé de cette opération périlleuſe: habile à tout prévoir & à tout prévenir, il ouvrit une tranchée au pied d'une montagne d'où huit canons en firent taire quarante. La Ville fut battue avec tant de vivacité, que le Gouverneur & les habitans pour ne pas être enſevelis ſous les ruines des remparts demander à capituler; mais lorſqu'on dreſſait les conditions, une flote Anglaiſe parut, & la ville fut délivrée. M. Renau, qui n'avait pas un seul vaisseau, ne pouvait rien contre une armée navale, & quoique le projet du siège fût sa production, il fut le premier à opiner pour la retraite.

Les courtisans étaient bien persuadés qu'il n'embitionnait ni les titres ni les décorations; mais convaincus de sa supériorité, ils craignaient qu'il ne les supplantât dans la faveur de leur maître. Il avait été choisi pour conduire le siege de Barcelone, ils trouverent un prétexte honorable pour l'éloigner, en représentant à Philippe V que sa présence était nécessaire à Cadix, dont les ennemis méditaient le siege. Les murs de cette ville n'étaient à la vérité, qu'un amas de ruines, & son importance exigeait qu'on la mit en état de défense; il partit avec la promesse de recevoir les fonds suffisans pour relever les fortifications; mais dès qu'il fut éloigné il tomba dans l'oubli. Honteux d'être oisif, il engagea ses biens pour suppléer à l'infidélité des promesses dont on l'avait ébloui; de riches négocians lui firent des avances considérables; mais cette ressource fut bientôt épuisée; alors se voyant sans crédit, il vendit tout ce qui lui restait pour appaiser ses créanciers. Il ne se réserva qu'une somme modique, & débiteur insolvable, il partit d'Espagne en fugitif : quoiqu'il usât sur sa route d'une rigoureuse économie, il ne lui restait qu'une pistole, lorsqu'il arriva sur la frontiere : un Banquier qui ne le connaissait que par la réputation de sa probité lui ouvrit sa bourse, il n'abusa point de cette générosité; il accepta ce qui lui était nécesfaire pour fon voyage ; il fe rendit dans la Capitale chargé d'une misère plus honorable que s'il s'y fût montré avec les richeffes du Perou.

La France était alors dans un auffi grand épuife-ment que l'Efpagne, & il n'avait aucuns dédomma-gemens à en attendre : comme il ne pouvait expo-fer aux Miniftres que des befoins qu'ils étaient dans l'impuiffance de foulager, ils s'abftint de les fatiguer par des importunités ftériles. Il raffembla les reftes épars de fa fortune, & riche par fa modération, il réfolut de faire divorce avec les hommes pour vivre avec lui-même ; fon éloignement de la Cour la dif-penfait de lui payer le prix de fes fervices, & lui-même femblait avoir oublié que l'Etat était fon dé-biteur ; tandis qu'il vivait ignoré dans fa patrie, il jouiffait malgré lui de la plénitude de fa gloire chez l'étranger. Le fecret de fes talens avait été trahi par les Maîtres de l'art qui avaient apperçu le grand Ca-pitaine fous le manteau de philofophe. Il goutait à peine les douceurs de la folitude qu'il fut arraché de ce loifir philofophique pour être tranfporté fur un brillant théâtre. Le Grand Maître de l'Ordre de Malte l'appella pour défendre fon ifle menacée par les Ot-tomans. Ce choix était d'autant plus honorable que dans ce fiècle de guerre, chaque contrée de l'Europe avait produit de grands Capitaines, & que Malte même en a été dans tous les tems l'école & la patrie. Quand on eft jugé digne d'être le défenfeur d'une colo-nie de héros, c'eft être placé au rang d'Agamemnon que les Rois de la Grece choifirent pour marcher à

leur

leur tête: il partit pour Malte , mais il apprit en arri-
vant que la tempête fufpendue fur cette Ifle avait été
diffipée. Le grand Maître fut magnifique dans fes largeffes , mais le philofophe qui n'avait rien fait, ne voulut rien recevoir. La mort de Louis XIV fit paffer les
rênes du gouvernement dans les mains d'un Prince
auffi capable de conquérir les Empires que de les
gouverner. Les pertes du dernier règne , l'obligèrent
à réprimer fes inclinations belliqueufes , pour adopter
un fyftême pacifique, qui feul pouvait rendre à l'Etat
fa premiere vigueur. L'homme de génie ne cherche que
dès agens capables d'exécuter ce qu'il fçait concevoir.
Le Duc d'Orléans qui avait fait en Efpagne l'expérience des talens de M. Renau , le tira de la folitude pour l'affocier à fes opérations politiques ; il le
décora de la Grand'Croix de S. Louis, & l'admit
dans le Confeil de Marine qu'il venait d'établir. Il
fi vit placé à côté de Dugué-Trouin & des plus grands
hommes de mer, qui tous fe félicitèrent de l'avoir
pour collegue. Ces intelligences fublimes, promet-
taient de faire renaître les jours de fplendeur du
dernier règne ; mais la conftitution de l'Etat était
épuifée , & il était plus urgent de guérir les maux
intérieurs , que d'équipper des flotes que la Paix
rendait inutiles ; ainfi ce Confeil dont on avait droit
de tout efpérer pour le rétabliffement de notre Marine , ne pût donner que des fpéculations qui avaient
befoin du fecours du tems, pour être réalifées :
mais les vues des grands hommes font des leçons
données à la poftérité.

T

Le commerce & l'agriculture étaient tombés dans un entier dépérissement & l'on ne pouvait leur rendre leur vigueur avant d'avoir déraciné les abus qui s'étaient introduits dans la perception des impôts. M. Renau fut un de ceux que le Régent choisit pour substituer la taille proportionelle à la taille arbitraire, qui abandonne le faible à la voracité des exacteurs. Il fut envoyé dans l'Election de Niort où ses essais excitèrent beaucoup de plaintes & de murmures ; comme les hommes les plus puissans font toujours ceux qui profitent le plus des abus, il trouva dans eux des censeurs rigides. Ses opérations dirigées par l'équité, furent calomniées, & il se dégouta de faire le bien par la difficulté de déraciner le mal. Au reste, il ne fit qu'adopter le système de M. de Vauban, qui, en mourant, lui avait pour ainsi dire, transmis son génie & ses inclinations bienfaisantes.

Au milieu d'une vie toujours occupée, il trouva encore des momens vuides qu'il remplit par l'étude. Riche de son propre fond, il puisa toutes ses connaissances dans ses méditations, sans rien emprunter d'autrui ; il avait si peu lû, qu'il faisait l'humble aveu de son ignorance, & c'était une vérité qu'on ne pouvait lui contester ; mais la nature lui avait révélé des secrets, qu'elle ne découvre au reste des hommes, que pour les récompenser de leur travail opiniatre. C'est comme citoyen de l'Empire des Lettres, que je vais le représenter.

Le désir de tout connaître, fut sa premiere passion

que le tems ne fit que fortifier. Cette paſſion le jetta parmi les ſavans diviſés par une eſpèce de guerre civile qu'avait excité le Livre du pere Malebranche, ſur la recherche de la vérité : le redoutable Arnaud s'était déclaré contre l'ouvrage, & ſon autorité était impoſante : M. Renau ne ſe laiſſa point éblouir par l'éclat d'un ſi grand nom ; il devint le défenſeur le plus ardent du nouveau ſyſtême, & ſon zèle pour ſon auteur fut pouſſé juſqu'a l'entouſiaſme. L'amitié conſtante qui l'unit à ce Philoſophe & à ſa reſpectable congrégation, fait l'éloge de ſon cœur ! Pouvait-il mieux placer ſes affections ? Il n'eſtimait dans les ſcience, que ce qui ſervait à rendre les hommes meilleurs & plus heureux ; ainſi il renonça dans l'âge mur à toutes les ſubtilités métaphiſiques, qui en effet ſont plus propres à exercer qu'a ſatisfaire la raiſon. Il tourna ſes études vers des objets plus utiles, & en 1639 il publia ſa Théorie de la manœuvre des Vaiſſeaux, ouvrage où il appliqua les principes de la Géométrie à une Méchanique compliquée. Cette production lui ſuſcita un redoutable adverſaire dans M. Huguens, qui en combattit les principes avec les armes de la Géométrie. Ainſi, cette ſcience qui ſe glorifie du don de l'infaillibilité, trouve dans ſes diſciples même une diverſité de ſentimens qui fait douter de la réalité de ſes prétentions.

M. Renau fut d'abord ſoutenu par M. de Bernoulli, Profeſſeur à Groningue. Mais après la mort de M. Huguens, ce Géomètre mieux inſtruit, abandonna la cauſe qu'il avait défendue, & cet illuſtre transfuge fema l'alarme dans le camp dont il était déferteur. Il s'alluma entre ces deux favans , une guerre où l'attaque fut auffi vigoureufe que la défenfe ; au refte les combats polémiques, tournent toujours au profit de la vérité & des fciences, lorfque les rivaux fabftiennent de dire des injures, au lieu de raifons. Ce n'eft point à moi de décider de quel côté fe rengea la victoire. Mais perfonne ne contefta à M. Renau d'avoir des vues neuves fur l'ufage de la bouffole, fur la difpofition des voiles , du gouvernail & du vaiffeau.

Lorfqu'il fut dégagé de toutes fonctions publiques, il fe livra tout entier à fes méditations, & dans fon laborieux loifir, il termina fon traité fur la manœuvre des vaiffeaux. L'auteur toujours guidé par le fil de la Géométrie a le rare mérite de la clarté , par la précaution d'écarter les obfcurités miftérieufes dont s'enveloppe cette fcience , qui, malgré fa beauté naturele , paraît rebutante à ceux qui n'en parcourent que la fuperficie. Il rencontra encore fur fa route, le célèbre Bernoulli: la guerre fe raluma avec une nouvelle vivacité , mais comme les deux rivaux ne combattaient que pour les intérêts de la vérité , & qu'ils étaient pénétrés d'une eftime réciproque, ils mirent dans la difpute cette politeffe & cette décence, qui devraient être le caractère ineffaçable des gens de Lettres ; quelqu'ait été le fuccès du combat, M. Renau fut honnoré d'une efpèce de triomphe, puifque dans ce même tems l'Académie des Sciences qui ne faifait que de n'aître, lui defféra le titre de membre honoraire ; & ce choix n'étonna perfonne.

Sa vie uniforme & reglée le fortifia contre les injures de l'âge, & il jouiſſait dans la vielleſſe de la vigueur de ſon printems. La frugalité n'exigeait de lui aucun effort ; il refuſait tout à ſes ſens, & ſon régime auſtère avait fortifié ſes liaiſons avec les hommes célèbres, à qui leurs ennemis ne purent reprocher qu'une morale trop rigide : il fut attaqué en 1719, d'une rétention d'urine, & depuis ce moment, ſa vie ne fut plus qu'un ſuplice ; mais ſoutenu par la religion, il conſerva cette paix de l'âme qui fait jouir ſur la terre d'une récompenſe promiſe aux enfans du Ciel. Quoiqu'il fut un peu incrédule en Médecine, il ſuivit les conſeils des maîtres de l'Art qui lui indiquerent les eaux de Pougues comme un remède aſſuré. L'Être ſouffrant ajoute aiſément foi, à celui qui promet de le guérir. Il partit pour les eaux dont-il éprouva l'inéficacité. Enfin il ſe livra aux conſeils du Pere Malebranche qui avait beaucoup de foi dans la vertu de l'eau de riviere. Il en but avec une intempérance qui a fait dire à M. de Fontenele qu'il ſe noya. Cet excès qui eſt le ſeul où il ſoit tombé, hata ſa mort qui l'enleva le 30 Septembre 1719.

M. Renau fut encore plus Philoſophe par ſes mœurs que par ſes talens & ſes lumieres : indifférent aux promeſſes de la fortune, il eut rougi de recevoir un bienfait qu'il n'eut pas mérité ; il fuyait les diſtributeurs des grâces avec autant de précaution que les ambitieux ont d'empreſſement à les rechercher. Mais cette indifférence ne le rendait point

farouche, & toutes les fois qu'il pouvait être utile
à l'État, il follicitait les audiences des Miniftres
pour leur communiquer fes vues & fes plans. Socrate
invité par le Roi Archelans, de fe rendre à fa Cour
refufa cet honneur, je n'aime point, dit-il, vivre
avec ceux qui peuvent me donner plus que je ne
puis leur rendre. Cette réponfe était plus fiere que
judicieufe ; le Monarque ne pouvait lui donner que de
l'or ou des honneurs d'opinion ; le Philofophe pouvait lui apprendre à regner. Un citoyen ami des hommes ne doit point les fuir quand il peut les fervir.
Louis XIV prévint M. Renau par de riches penfions,
dont il ne follicita jamais le payement parce qu'il
croyait que l'État était plus pauvre que lui ; ce fût
ainfi que comblé de bienfaits il mourut indigent fans
avoir vécu riche.

Jamais perfonne ne porta plus loin l'intrépidité ; fa valeur était froide & tranquile, & dans la
chaleur de l'action il ne foupçonnait pas qu'on pût
mourir. Son exemple dépofe contre ce Sophifte élo-
quent qui a prétendu qu'en agiffant conféquemment
aux principes de la morale évangelique, on devait né-
ceffairement être mauvais foldat ; l'audace de ce para-
doxe peut feule l'accréditer. Quoi ! une religion qui
ordonne de combattre fans ceffe la rebellion des fens,
qui affujettit à une difcipline févère, qui profcrit les
fuperfluités & permet à peine le néceffaire, pourrait
énerver le courage ! le facrifice de la raifon qu'exige
la foi, n'eft-il pas plus rigoureux que l'obéiffance pref-
crite au foldat Macédonien. La frugalité rendait-elle

le fpartiate moins courageux ? Enfin la difcipline militaire femble avoir été formée fur le modèle de la
difcipline évangelique; elles ne différent que par leùr
objet: les promeffes de l'immortalité ne doivent-elles
pas détacher de l'amour de la vie ? L'expérience dépofe que la terre qui a enfanté le plus d'enfans à Jefus-
Chrift a produit les meilleurs foldats. Il n'y a qu'une
religion infpirée par de pieufes frayeurs qui puiffe ab-
battre le courage.

Les vertus de M. Renau ne furent pas fans quelque
mêlange de défauts. Ferme dans fes opinions jufqu'à
l'opiniâtreté, il les défendait avec la chaleur d'un
homme qui veut toujours avoir raifon. Ce défaut or-
dinaire dans les gens de bien, a fon principe dans un
excès de vertu. Ils n'adoptent une opinion, que parce
qu'ils la regardent comme une vérité, & raffurés par
le témoignage d'un cœur pur & innocent, ils ne
foupçonnent pas qu'ils font dans l'erreur.

On m'a déja reproché de créer les grands hommes, & l'on me reprochera peut être encore d'avoir
placé M. Renau parmi ceux qui ont honoré leur
Patrie : voici comme je me juftifie. Un écrivain ne
doit voir la nobleffe & la grandeur que dans les
amis & les bienfaiteurs des hommes. Son devoir eft
de s'élever au-deffus de l'opinion qui fait des Dieux
de ces fléaux qui affligent & dégradent l'humanité.
On n'eft pas illuftre parce qu'on eft célèbre ; M.
Renau compta parmi fes amis, les Du Quefne, les
l'Hôpital, les Vauban, les Arnaud & les Malebranche :
il eut pour protecteurs Louis XIV, le Duc d'Orléans,

Seignelaï & Pont-Chartrain ; pour mériter de si nobles suffrages , il fallait être d'un ordre supérieur.
C'est à l'histoire à préserver ces génies bienfaisans de
l'oubli ; & comme ils ont fui l'éclat, c'est à la gloire
à les aller chercher. Les hommes en place sont plus
privilégiés ; ils tiennent aux évènemens publics : leur
mémoire se perpétue avec celle des Empires.

F I N.

APPROBATION DU CENSEUR ROYAL.

Lu & approuvé. A Paris le 22 Novembre 1778.

PHILIPPE DE PRÉTOT.

De l'Imprimerie de la Veuve BALLARD, rue des
Mathurins. 1778.